Les fictions freudiennes du politique

Freud et le travail du négatif

La Philosophie en commun
Collection dirigée par Stéphane Douailler,
Jacques Poulain, Patrice Vermeren

Nourrie trop exclusivement par la vie solitaire de la pensée, l'exercice de la réflexion a souvent voué les philosophes à un individualisme forcené, renforcé par le culte de l'écriture. Les querelles engendrées par l'adulation de l'originalité y ont trop aisément supplanté tout débat politique théorique.

Notre siècle a découvert l'enracinement de la pensée dans le langage. S'invalidait et tombait du même coup en désuétude cet étrange usage du jugement où le désir de tout soumettre à la critique du vrai y soustrayait royalement ses propres résultats. Condamnées également à l'éclatement, les diverses traditions philosophiques se voyaient contraintes de franchir les frontières de langue et de culture qui les enserraient encore. La crise des fondements scientifiques, la falsification des divers régimes politiques, la neutralisation des sciences humaines et l'explosion technologique ont fait apparaître de leur côté leurs faillites, induisant à reporter leurs espoirs sur la philosophie, autorisant à attendre du partage critique de la vérité jusqu'à la satisfaction des exigences sociales de justice et de liberté. Le débat critique se reconnaissait être une forme de vie.

Ce bouleversement en profondeur de la culture a ramené les philosophes à la pratique orale de l'argumentation, faisant surgir des institutions comme l'École de Korcula (Yougoslavie), le Collège de Philosophie (Paris) ou l'Institut de Philosophie (Madrid). L'objectif de cette collection est de rendre accessibles les fruits de ce partage en commun du jugement de vérité. Il est d'affronter et de surmonter ce qui, dans la crise de civilisation que nous vivons tous, dérive de la dénégation et du refoulement de ce partage du jugement.

Dernières parutions

Manuel CERVERA-MARZAL et Nicolas POIRIER (dir.), *Désir d'utopie. Politique et émancipation avec Miguel Abensour*, 2018.
Eleonora CARAMELLI, *Hegel et le signe d'Abraham. La confrontation avec la figure d'Israël (1798-1807)*, 2018.
Monica Loyola STIVAL, *Politique et morale chez Foucault. Entre la critique et le nominalisme*, 2017.
Franck JEDRZEJEWSKI et Diogo SARDINHA (dir.), *La philosophie et l'archive*, 2017.

Alejandro BILBAO

Les fictions freudiennes du politique

Freud et le travail du négatif

L'Harmattan

Du même auteur

Les espaces de la causalité en psychanalyse, entre hérédité et subjectivité, Paris, L'Harmattan, 2005.

5-7, rue de l'Ecole-Polytechnique, 75005 Paris

http://www.editions-harmattan.fr

ISBN : 978-2-343-14896-0
EAN : 9782343148960

Sommaire

Introduction

> *« Le politique n'a jamais été que la fiction où la politique fait le trou de l'évènement. Un énoncé canonique (de Rousseau à Mao) : Que les masses font l'histoire, désigne précisément dans les masses cette irruption évanouissante dont la philosophie politique n'est que la mise en récit toujours tardive et toujours déchirée ».*
>
> (A. Badiou, *Peut-on penser la politique ?*, Paris, Seuil, 1985, p. 12)

I

La psychanalyse dispose de plusieurs moyens d'approche de la question politique. L'un d'entre eux pourrait être d'interroger la politique sur ses enjeux et ses défis institutionnels pour le présent et l'avenir. Un autre serait de placer la psychanalyse face à la politique pour voir ainsi ce qu'elle écrit sur les motifs du lien social, sur son historicité et son sens. Nous nous attarderons sur ce deuxième volet pour y introduire la catégorie de la fiction, qui peut constituer un mot clé pour l'analyse des rapports perçus entre la politique et les trois registres que la psychanalyse dégage de son expérience : le symbolique, l'imaginaire et le réel. Le travail que la fiction entame pour penser les liens entre les hommes, leurs institutions et leurs sens, ne pourrait s'en passer. Le monde imaginaire a bien des conséquences pour l'organisation de l'univers symbolique, mais ces deux dimensions ne pourraient rien dire sur l'humain sans le registre qui se dérobe à toute image et toute parole : le réel.

Par cette voie, on arrive donc à poser la question située au colophon de toute notre démarche : pourquoi lier la fiction à la série de problèmes qui ouvre la prise en considération de l'institution des sens politico-culturels ? Quel degré de compréhension cette catégorie prête-t-elle à la psychanalyse, quand cette dernière vise à fixer un certain nombre d'énoncés relatifs à la politique ? Avant même de donner une idée de l'utilité que le traitement de la fiction procure pour comprendre la question politique, et la façon dont elle est examinée par la psychanalyse, il est nécessaire de préciser un certain nombre d'éléments conceptuels. Tout au long de ce texte, le lecteur pourra remarquer que la question politique n'émerge pas en référence aux modalités de présentation de son action la plus pratique, car notre propos vise à mettre en lumière ses principes, ne serait-ce que pour dévoiler leurs rapports défaillants à la vie de la cité. La psychanalyse se réfère aux principes directeurs de la politique, que ce soit dans son volet culturel ou proprement politique. Il faut noter, de cette manière, que cette expression plonge la question politique dans les enjeux de ces deux dimensions, apportant, de la sorte, un dernier portrait de ce que pourrait être la question politique pour la psychanalyse ; *la politique est la mise en branle du récit fictionnel du politique.*

Ainsi, Freud soutient que, selon la préoccupation consistant à montrer comment les groupes sociaux peuvent gérer leur transformation en collectivités politiques, l'avènement est associé à la politisation du groupe social. La voie donnée à ce concept de politisation est complexe, car les énoncés de tonalité politique portent initialement sur un continent d'investigation très vaste dans son œuvre.

L'effort freudien pour comprendre le passé de l'humanité et son histoire en est un exemple : il parle du caractère scabreux de la notion de politisation dans le texte freudien.

La lecture des textes psychanalytiques relatifs à la culture permet de suivre l'élaboration de cette politisation. Elle n'émerge évidemment pas *ex nihilo* et maintient une correspondance directe avec les énonciations que Freud développe dans le domaine de l'histoire de la civilisation. L'introduction, relativement précoce, des questions culturelles dans les textes de Freud, reflète la germination de l'action déterminante de la politisation dans la constitution des groupes sociaux. Initialement, cette situation est observée dans le texte de *Totem et tabou*[1], où la dimension politique ne peut être appréciée qu'au moyen des déductions subsidiairement permises par le texte. En effet, en ce qui concerne l'intention de recherche fondée sur l'histoire passée de l'humanité, en 1912, Freud ne considère que les conditions précoces de l'avènement de la civilisation, sans prendre en compte le passé éloigné d'un peuple concret soumis aux règles de l'histoire. Si, en accord avec nos hypothèses, c'est la politisation de l'action collective qui permet à un groupe social de devenir un peuple, en 1912, Freud n'a réfléchi qu'aux conditions préalables de la politisation, sans vraiment considérer l'acte même de sa création. Ces conditions prennent le meurtre du père comme fondement, afin de revenir sur une appréciation relative de l'histoire des motifs éthiques et moraux qui s'expriment dans la civilisation du fait de cet acte sanglant. Les énoncés de 1912 entrainent cet acte encore plus loin, pour l'installer expressément dans le domaine des relations de l'histoire

---

[1] S. Freud, « Totem et tabou », in *Œuvres complètes*, vol. XI, Paris, P.U.F., (1911-1913) 2009.

de l'espèce (domaine phylogénétique) avec les problèmes de l'histoire individuelle (domaine ontogénétique). Les préceptes de l'action politique, qui renvoient à la mise en œuvre des lois au sein de la collectivité, sont définis dans ce texte par l'absence d'un précepteur. Traité de manière centrale dans le dernier chapitre de *Totem et tabou*, le temps qui enjoint l'union du sang et la loi délaisse le caractère positif de la loi pour comprendre l'institution des fictions humaines. Cela est noté plus tardivement dans le dernier des essais destinés à Moïse, où le thème des prescriptions politiques apparaît expressément. La facette culturelle de l'analyse de 1912 met l'accent sur les éléments qui permettent l'alliance, nécessitant un exercice de réflexion approfondi sur les raisons de l'exogamie et les interdictions relatives au meurtre et à l'inceste, et rejetant le rôle des liens de filiation. Toutefois, comme cela a été mis en évidence par les développements les plus récents de l'anthropologie, c'est au niveau de ces relations que le facteur politique s'exprime avec plus de netteté[2]. En effet, l'anthropologie observe des liens de filiation affectant le rôle des compétences sociales qui sont attribuées à chaque individu dans la série des liens intergénérationnels (définissant selon le type de l'attribution, le caractère de l'échange). Freud procède en partie ainsi comme le fera plus tardivement Lévi-Strauss, au moment de faire des relations de l'échange le mobile central des formations culturelles[3].

La conception freudienne des phénomènes de l'exogamie et de l'inceste souligne la fonction de la

---

[2] M. Godelier, *L'énigme du don,* Paris, Fayard, 1996.

[3] C. Lévi-Strauss, *Les structures élémentaires de la parenté*, Paris, Éditions de l'École des Hautes Études en sciences sociales de Paris, 2002.

proscription dans le fonctionnement de la culture et énonce peu le rôle prescriptif des mandats culturels dans l'institution du politique. Accéder au rôle de ces injonctions reviendrait à situer un peuple en raison des coordonnées qui permettent sa naissance, en décrivant cet événement collectif qui marque le passage vers sa politisation effective.

L'acte même de la politisation est toutefois analysé plus en détail dans les hypothèses présentées dans *Psychologie des masses et analyse du moi*, même si cet acte n'est pris en considération que dans le cadre d'une recherche qui se penche davantage sur les problèmes de l'identification, de la suggestion et des idées relatives à la fonction des idéaux dans la formation du moi[4]. L'analyse entreprise prend ces catégories du fonctionnement psychique comme des éléments examinés afin d'expliquer le lien de la masse avec son chef, sans omettre certaines idées sur le travestissement que peut subir la politisation si elle succombe à l'aliénation provoquée par les figures politiques du totalitarisme.

La compréhension du phénomène de la politisation est également travaillée par Freud de 1927 à 1930, admettant le traitement d'un « extrême paradoxe ». En 1927, dans *L'Avenir d'une illusion*, on observe à nouveau que Freud ne dirige pas ses études vers la figure d'un peuple concret. Il néglige le fait de porter des hypothèses relatives au sens des représentations religieuses sur la progression dans le temps d'une collectivité donnée [5] . Les arguments, présentés par étapes en ce qui concerne la manière dont la

---

[4] S. Freud, « Psychologie des masses et analyse du moi », *Œuvres complètes*, vol. XVI (1921-1923), Paris, P.U.F., 2010.
[5] S. Freud, *L'Avenir d'une illusion*, in *Œuvres complètes*, vol. XVIII (1926-1930), Paris, P.U.F, 2015.

religion sous-estime les valeurs de la vie, sont des énoncés qui s'adressent à l'ensemble de l'humanité, et non à une collectivité humaine située dans l'histoire. Néanmoins, en contrebalançant la figure du *ratio* face au pouvoir des illusions religieuses, Freud effectue un mouvement théorique d'une grande portée politique. Si le ratio doit commander les actions relatives à l'avenir de l'humanité par l'intermédiaire de l'éducation et de la science, et non au travers de chimères religieuses, le souci de l'avenir de l'humanité est exprimé comme un problème devant être considéré au moyen d'éléments immanents au cours des formations sociohistoriques. Au moyen de quelques idées glissées par le texte sur le ratio, l'entendement trace un cheminement qui, ayant trait à l'avenir de l'espèce, pourrait être considéré comme le fondement de toute utopie humaine débarrassée des projets idéologiques négligeant l'horizon éducatif nécessaire à toute entreprise sociohistorique. Toutefois, cet argument est écarté trois ans plus tard, lorsque Freud se donne pour tâche de dégager la portée de la pulsion de mort. Concernant les malaises culturels, l'hypothèse de la pulsion de mort est à nouveau considérée à propos du versant destructif qui porte sur l'organisation de toute collectivité humaine[6]. Ce qui devient ébranlant pour les critères de la raison, ce n'est pas tant l'existence de tendances destructrices chez l'homme – qui sont par ailleurs partagées avec d'autres espèces – mais la pleine conscience embarrassante de cette situation vis-à-vis de l'idée de progrès et de civilisation. En ce qui concerne l'avenir des organisations culturelles, Freud n'établit aucun ensemble d'énoncés pouvant être nommés utopiques. Il y a bien des moments où Freud laisse entendre qu'une façon de se distancier des

---

[6] S. Freud, « Malaise dans la civilisation », *Œuvres complètes*, vol. (1926-1930), Paris, P.U.F, 2015.

formations « pathologiques » de l'idéologie serait d'agir par l'intermédiaire du recours à l'utopie qu'en l'occurrence, le ratio pourrait incarner grâce à son pouvoir de transformation et d'émancipation. Cet énoncé exprime bien le caractère positif des utopies à l'égard de l'« espace de l'expérience » et que l'idéologie définit et justifie, en proposant de nouvelles perspectives de développement pour l'humanité[7]. L'essentiel du projet utopique est de pouvoir ensuite développer une capacité de mise à distance de la société (puisqu'il s'agit d'un projet qui ne doit pas nécessairement s'accomplir). En d'autres termes, la justification de l'ordre donné de toute idéologie ne pourrait pas se soutenir, si ce n'est par le biais du projet utopique auquel l'idéologie se trouve attachée. L'idéologie seule se laisse voir à travers les potentialités utopiques qui la démasquent[8]. L'utopie trace une distanciation de la réalité et, par l'intermédiaire de cet éloignement, exerce la critique de l'idéologie. La lecture de *L'Avenir d'une illusion* ne laisse cependant aucune place à une critique des représentations religieuses qui pourrait être soutenue à partir d'une utopie. Freud n'accentue le rôle d'aucune critique de ce *qui est* par ce qui ne pourrait être[9].

L'inclinaison à voir dans la raison un moyen de répondre aux illusions est, en réalité, un projet de réaction face à des utopies, puisqu'elles sont inaccessibles à l'action. Ces idées convergent dans la direction de ce que

---

[7] L'expression correspond à Reinhart Koselleck, à son ouvrage : *Le futur passé. Contribution à la sémantique du temps passé*, Paris, Éditions de L'École des Hautes Études en Sciences Sociales de Paris, 2016.

[8] Cette dialectique d'opposition conceptuelle entre idéologie/utopie peut être bien appréciée chez Ricœur, dans son texte ; *L'idéologie et l'utopie*, Paris, Points, 2016.

[9] C. Castoriadis, *Une société à la dérive*, Paris, Seuil, 2015, p. 17.

Castoriadis a appelé le projet d'*autonomie*, action lucide des individus et des peuples, de leur compréhension, leur volonté et leur d'imagination. De cette manière, et suivant Castoriadis, on peut parler de la transformation radicale de la société au sens d'une autonomie réelle, certes générée, au sein de forces concrètes des formations sociales. La fonction du ratio pourrait ici en constituer la preuve.

Le projet freudien du ratio est porté par cette autonomie afin d'accentuer la voie qui ouvre la pensée vers l'avenir. Les représentations religieuses, que considère Freud, ne constituent pas seulement des illusions qui perturbent la tâche du jugement face aux défis de l'avenir. Elles participent également des représentations de l'ordre qui justifient le sens des idéologies dans le présent. La critique s'adresse essentiellement à ce qui est dénommé *religieux* et non pas à la seule force des représentations religieuses. Contenant la religion, le religieux couvre également les aspects oppresseurs que les États totalitaires offrent à la politique par le biais de la saturation et de l'hégémonie des sens possibles.

> Nous vivons en un temps particulièrement curieux. Nous découvrons avec surprise que le progrès a conclu un pacte avec la barbarie. En Russie soviétique, on a entrepris d'élever à des formes de vie meilleure quelque cent millions d'individus qu'on maintient dans l'oppression. On fut assez téméraire pour leur ôter l'« opium » religion et assez sage pour leur accorder une dose raisonnable de liberté sexuelle, mais en même temps on les soumit à la plus cruelle des contraintes et on les priva de toute possibilité de penser librement[10].

---

[10] S. Freud, *L'homme Moise et la religion monothéiste*, Paris, Gallimard, Folio-essais, 1986, p.132.

Pour Freud, la pensée doit surmonter l'obstacle du religieux par ses propres moyens, ressources que la justice (dikê) délie de la présence divine (*théos*). Le langage de la rédemption et de la théodicée n'est pas la forme par laquelle se transmet son *λόγος*, celui-ci est limité à un temps fini et immanent à la vie. D'où la nécessité de l'existence des patrimoines psychiques de la culture, lesquels, appelés à protéger le rôle des formations sociales, doivent être transmis entre les générations par l'intermédiaire d'un travail réel, mais également idéal de ses principes. Toutefois, cette tâche de transmission n'est pas garantie par un moyen susceptible d'être fixé par la nature ou par des éléments de caractéristiques ataviques. Le soin que la réflexion de l'homme doit faire apparaître, en ce qui concerne la tâche culturelle, mais aussi politique de transmission de ces principes, est essentiel pour le contenu de ce qui est transmis. Il est également pertinent de noter les moyens qui permettent la transmission des sens convenus, étant donné que le travail intergénérationnel, *l'entre générations repose* sur les procédures de ce transfert. Ce point regroupe pour l'essentiel le volet politique du texte de 1927 ; là où git la capacité de création de l'homme afin de déterminer le sens de leurs organisations sociales ainsi que les modes de transmission de ces significations, demeure le temps fini de toute œuvre. Les mots anonymes du poète éclaircissent ce point pour Moïse : « *Tel est le chemin prescrit, les grands et les humbles doivent l'emprunter. Qui peut vivre et ne pas voir la mort*[11] ? »

---

[11] Poème anonyme tiré du cycle la mort de Moïse, liturgie juive romaine, cité par Y. Yerushalmi in *Le Moïse de Freud. Judaïsme terminable et interminable*, Paris, Gallimard, 1991.

Freud rappelle que la pensée est due aux conditions imposées par la vie pulsionnelle, révélées dans le double registre de l'hominisation et de l'histoire culturelle. C'est dans ces conditions qui palpitent selon le rythme de l'actif ou de l'inactif, de ce qui est lié ou non lié, de la vie ou de la mort, que la pensée établit un lien avec les objets ainsi qu'avec les tendances primaires qui s'expriment d'une manière figurée dans le moi.

En déplaçant les conditions exposées par la vie pulsionnelle, les illusions religieuses transforment la vérité de la finitude et de la pensée par le moyen d'un savoir adressé au tout. Savoir qui modifie les relations que la vie entretient avec la mort, conditionnant les relations de la pensée à la réalité. Pour Freud, en dépit du caractère symptomatique de ces illusions, leur rôle est toujours déterminant pour l'ordre social. À partir de la tension qu'on voit s'établir entre la vérité, qui porte la finitude et la mort, et le savoir totalisateur de la religion, se trace un ordre de raisons qui montre qu'au sein de la société, les vérités non religieuses sapent le pouvoir des illusions. Le passage de l'humanité par le temps porte l'ombre de cette vérité, indiquant que la fonction de la pensée est organisée selon le deuil de tout savoir préexistant.

En 1930, dans *Malaise dans la civilisation*, le but est clairement de poursuivre la destitution des savoirs totaux. Une grande partie des premières idées élaborées dans le texte exprime cette vocation à présenter leurs hypothèses comme un mode de poursuite des différends, décrits en 1927. À la force des représentations religieuses s'ajoute le conflit d'inclinaisons pulsionnelles et des tâches restrictives de la culture. Dans ce texte, un versant sur la question politique s'exprime dans les essais de pacification et de domination conduits par la culture face à la présence des inclinations de la vie pulsionnelle. Le caractère, en principe impolitique des inclinations pulsionnelles face à l'ordre politique de la cité, ne garantit pas un développement supportant une appréciation d'exclusion systématique pour ce domaine de la vie du sujet. Au contraire, cette fraction de la vie humaine est considérée comme l'un des facteurs rendant possible la vie en commun, pour ainsi se trouver à la base des dynamiques qui organisent les sens des phénomènes sociohistoriques. La suite de cette analyse approfondie fournit un intérêt pour les phénomènes liés à l'agression et à la pulsion de mort, d'où une nouvelle ligne de réflexion sur ce que l'on appelle les patrimoines psychiques.

Au final, dans le cadre strict des problèmes politiques, le texte complexe sur Moïse érige une perspective jusqu'alors non envisagée par Freud, du moins en ce qui concerne les rapports que la question politique maintient avec l'existence dans le temps des collectifs humains. Dans ce texte, la question politique cohabite avec un certain nombre de faits historiques considérés de manière tout à fait originale, en reprenant une série de problèmes souvent abandonnés par les historiens eux-mêmes. L'origine des traditions religieuses, et notamment du judaïsme, la généalogie de la mémoire collective, et le lien que ce dernier maintient avec l'oubli, sont considérés dans le cadre d'une étude non pas théologique, mais psychologique. Par le truchement de ce domaine psychologique, Freud intègre, à plusieurs moments dans le texte, les liens entre le judaïsme et le christianisme, démontrant ainsi le sens psychanalytique du projet entrepris.

Face à la religion, le fait généalogique importe autant que la tradition qui la rend effective. Pour Freud, cette tradition ne peut pas être comprise si elle n'est pas conduite dans le champ des problèmes qui s'ouvrent sur des phénomènes tels que ceux de la transmission et du passage entre les générations. En ce qui concerne l'*Ursprung*, le texte est également étonnant. L'origine d'une formation religieuse, en l'occurrence juive, ne pourrait trouver de justification de son existence par le biais de l'inter-jeu d'éléments historiques, économiques et impersonnels qui méconnaissent la pertinence de l'existence des grands hommes. De même, joués par la figure du grand homme, les mécanismes de la tradition ne peuvent se réduire à la simple transmission orale. Il ne serait pas possible de comprendre la longévité d'une tradition considérée essentiellement en termes d'histoire des idées ou de l'éducation. Il serait également chimérique de la considérer comme un système de symboles dont il suffirait de décoder les repères mythiques, matériels et sociaux, sans se préoccuper de la dimension psychologique. Ce type de recherche omet le lien que le facteur psychologique garde avec la question politique, car ce dernier montre une ouverture sur des éléments à caractère impersonnel. L'élément « psychologique » s'y exprime à travers les phénomènes tels que ceux de la suggestion, de la projection, de la construction des idéaux, sans omettre le rôle prépondérant de la régression et de l'intrication entre les pulsions. À l'intérieur de cette dimension psychologique, on peut également s'interroger sur la nécessité d'apprécier en quoi la relation entre ces notions permettrait une certaine visualisation des aspects imaginaires et symboliques qui entourent la servitude volontaire.

Moïse est un précepteur, et sa présence ne définit pas tant la mise en place du corps d'une doctrine religieuse que le sens des lois nécessaires à l'exercice de la communauté. Par l'intermédiaire de sa figure, il est possible d'observer en quoi une communauté sociale advient au registre politique. Le texte de Moïse, écrit à des périodes différentes et dans l'hésitation permanente de Freud vis-à-vis de sa portée et de son réel apport, est finalement le colophon de fond de ses idées « culturelles » sur la politique. La thèse principale, concernant le meurtre du père ainsi que la faute héritée et transmise par le biais des fragments et des éclats que la religion rend visibles, et son lien avec la détresse humaine sont à présent unis dans une approche psychologique qui dépasse le temps archaïque de l'humanité vers le domaine d'un peuple concret. Deux temps peuvent ainsi être considérés dans le cadre de cette recherche. Tout d'abord, Moïse, chef de file d'un groupe de personnes avant même de leur donner accès à une religion, les insère dans la réalité propre à un peuple ; l'institution de leurs lois et de leurs mandats. L'introduction n'est pas un temps absolu et initial dans l'histoire d'un groupe social, puisque cette caractéristique est propre à toute collectivité humaine. Moïse introduit un groupe social dans la dérive politique d'un peuple face aux actions requises pour être représenté en tant que tel. Par la suite, vient le temps des dynamiques culturelles afin de traiter avec le processus fondateur ; la tradition, la latence, la transmission, les filiations imaginaires. Phénomènes humains et culturels qui agissent systématiquement avec les institutions du droit et de la politique. De telle manière que toute modification de l'une d'elles condamne la dynamique de l'autre. Il s'agit de la question politique dans la culture et de la culture dans la politique.

II

Considérant l'évolution de la situation politique de l'Europe de la fin de 1938, Freud énonce :

> Avec une violence analogue, le peuple italien est éduqué dans le culte de l'ordre et du sentiment du devoir.

> Dans le cas du peuple allemand, on éprouve comme un soulagement, la délivrance d'un seul souci oppressant, à constater que la régression vers une barbarie presque préhistorique puisse aussi s'accomplir sans s'appuyer sur une quelconque idée de progrès. Quoi qu'il en soit, la situation se présente de telle manière qu'aujourd'hui les démocraties conservatrices sont devenues les gardiennes du progrès culturel et que paradoxalement ce soit justement l'institution qu'est l'église catholique qui oppose une vigoureuse défense contre l'extension de ce péril culturel[12].

Deux peuples européens, l'italien et l'allemand, deux collectivités humaines insérées de plein droit dans l'Histoire, sont soumis à une pente de destruction sans équivalent et marqués par la valorisation de l'ordre et du devoir. Deux collectivités, face aux prémices d'une guerre qui supprimera toute idée de progrès, toute notion d'élan civilisateur, en bref, la régression de l'histoire dans la barbarie et la destruction. Dans le texte sur Moïse, deux aspects sont remarquables. Premièrement, le lien que l'éducation des groupes humains maintient avec les dispositifs idéologiques, comme la question de l'État et son incidence sur l'endoctrinement dans la violence et pour la violence. Ces dispositifs introduisent des modes de transmission sociale qui, depuis un certain point de vue, peuvent être considérés dans leur portée socialisatrice (même s'ils constituent des phénomènes d'adaptation malsaine). Dans un second temps, Freud situe la politique depuis son rôle d'institution et sa potentialité pour instituer et préserver les valeurs de la culture. Si la politique est

---

[12] S. Freud, *L'Homme Moïse et la religion monothéiste*, Paris, Gallimard, Folio-essais, 1986. p.132.

appelée à exercer un rôle actif face au progrès culturel - même si c'est par l'intermédiaire de ses formes les plus conservatrices -, cela est dû au fait que celle-ci ne s'incline pas vers les figures de la terreur et de la violence. Cela n'est concevable que par le biais de l'existence de la politique en tant qu'institution. Pour Freud, il est important de faire remarquer que dans les moyens d'existence de cette figure institutionnelle de la politique résident les possibilités mêmes de sa destruction. C'est l'aspect le plus important d'une argumentation qui introduit la violence dans la politique, elle démontre que la politique en tant qu'institution peut être pour le meilleur comme pour le pire. Il s'agit du sens tragique de l'institution, son univers non préétabli.

Considérée en tant qu'institution, la politique est dénuée de tout fondement. Ses piliers centraux se fondent sur l'absence de tout soubassement. En l'absence de principes directeurs anhistoriques et atemporels, s'exprime la dimension historique du litige, de la lutte entre les parties pour la revendication des dommages subis. Au centre de cette condition historique, on retrouve ce qu'on appelle la subjectivation politique. Étant historique, le sens institutionnel de la politique doit exprimer des actions de valeur sur les faits de la société à partir des universaux qu'elle rend intelligibles (l'émancipation, l'autonomie, l'idée d'égaliberté). Ces actions de valeur délimitent une idée d'homme, définissant les critères d'ordre moral, éthique et de droit nécessaire à la définition de son individualité. Toutefois, la politique, en tant qu'institution, peut se travestir. Ses universels émancipatoires peuvent également être convoqués par la force des idéologies totalitaires, pour ainsi créer un autre modèle d'individu.

Il convient de constater que ces univers de sens sont également la manifestation de fictions et de créations qui cherchent à comprendre et à organiser l'expérience de ce qu'on nomme l'humain. Ces fictions permettent à l'homme son transit dans l'histoire, octroyant à la pensée la capacité à devenir un indice de la transmutation de l'évolution en histoire.

Comprendre que l'évolution ait pu se transformer en histoire, c'est attribuer une place importante aux phénomènes de modélisation que la fiction génère dans son rapport au réel. En ce qui concerne ce réel, la fiction ne parvient pas à formuler de simples énoncés contrafactuels, équivoques ou impropres à l'ordre des faits. La fiction travaille par l'intermédiaire de l'ordre qui est donné par l'imagination, elle sculpte, façonne, en créant un univers d'objets possibles pour ainsi les présenter comme des objets figurables à la pensée. Elle énonce également le travail de cette imagination dans l'évènement de l'histoire humaine, sur ses constructions historiques, politiques et institutionnelles. À partir de cet évènement, la fiction exerce un grand nombre de thèses concernant les fondements de l'histoire, leurs méthodes et leurs procédures. Sans toutefois négliger l'extrême pertinence de ces questions épistémologiques, le but de cette étude est de déterminer les possibilités de l'action humaine dans des conditions historiques particulières. Il s'agit d'observations qui sont de l'ordre de la *praxis* avant même que de celui du travail épistémologique.

Une fois établie la portée que conserve la notion de fiction pour la compréhension de l'organisation du monde humain, il est possible d'ordonner un certain nombre d'idées relatives au lien qu'installe la création fictionnelle avec le réel. Correspondances qui ne sont pas étrangères aux procédures cliniques et métapsychologiques de la psychanalyse.

> Une fois opérée la séparation du fictif et du réel, les choses ne se situent pas du tout là où l'on pouvait s'y attendre. Chez Freud, la caractéristique du plaisir, comme dimension de ce qui enchaîne l'homme, se trouve entière du côté du fictif. Le fictif, en effet, n'est pas par essence ce qui est trompeur, mais, à proprement parler, ce que nous appelons le symbolique[13].

Déterminer le type de réalité dont il s'agit quand il est question de l'homme, suscite pour la psychanalyse l'acquiescement de l'introduction de la variable symbolique. Cette variable qui est aussi une modalité de communication du non formulé, de la répétition des signes invétérés qui surplombent une mémoire toujours déchirée par des fragments de souvenir en appelant, dans la clinique du cas, au travail de la remémoration, du souvenir et de la représentation. Dans le domaine social, Freud exprime les mêmes besoins figuratifs face à la mémoire des peuples. Le caractère fragmentaire des souvenirs détenus par la mémoire, ses oublis et ses temps de latence, convoque un travail d'élaboration même si elle reste assujettie de manière permanente aux prises de l'inachevé. La fiction du symbolique doit cependant être différenciée des approches qui réifient sa portée singulière. C'est ainsi que l'analyse concernant la pertinence du symbolique pour comprendre la question politique s'oppose à des dérives de réflexion qui, face à ce même sujet, ont été données par l'historicisme – le marxisme étant une de ses variantes. L'idée selon laquelle l'histoire est gouvernée par des lois immuables, que la science matérialiste aurait pour fonction de dévoiler, n'entraîne qu'une réification de la tâche

---

[13] J. Lacan, *Le séminaire, livre VII. L'éthique de la psychanalyse,* Paris, Seuil, 1986, p.22.

centrale du symbolique, en ce qui concerne leur statut de support de toute possibilité d'interaction humaine. Le fonctionnement de ce type de « science matérialiste » possède une arête politique qui a pour effet que les individus soient considérés comme de simples formes ventriloques d'une scène historique gouvernée par des forces anonymes et invétérées. Ce type d'analyse épuise les possibilités d'innovation historique, compte tenu par ailleurs de la capacité d'autodétermination humaine. Il ne faut pas oublier que, pour Freud, cette capacité demeure une dimension centrale de l'analyse afin d'examiner les questions culturelles. Un autre aspect des lignes de force de ce matérialisme implique qu'il est possible d'accéder à une réalité technico-économique dénuée de toute incidence de la dimension symbolique. De façon extrêmement sommaire, celle-ci ne ferait partie que de relations hypothétisées au niveau super-structurel du social.

Le travail de figuration symbolique de la fiction ouvre une querelle importante avec ces deux derniers énoncés, dans la mesure où toute réalité sociale se trouve toujours médiatisée par le registre du symbolique. Ils rejettent le rôle si important qu'accomplit le symbolique pour l'organisation des motifs politiques et culturels, au risque d'oublier la participation de celui-ci à la fabrication des objets et des choses. Ce matérialisme empêche que ces mêmes choses puissent être des entités susceptibles de devenir des idées, que la réalité puisse être une idée et que la vie réelle puisse dès lors produire des illusions, comme le montre Freud dans *L'Avenir d'une illusion*.

Le constat sur la façon de procéder de la fiction et des contributions qu'elle apporte à la psychanalyse permet de définir le type d'homme considéré dans leurs énoncés. Cet homme, avant d'être un *homo faber* ou un *homo laborans*, est un *homo loquax*, l'homme de la parole, de l'échange, de l'invention, de l'imagination, de la transmission de signes, de sens, de textes et de récits. Au moyen de la fiction, il est possible de constater que la constitution proprement symbolique et imaginaire des institutions, de leur sens politique et sociohistorique, réintroduit l'un des aspects anthropologiques essentiels à l'homme : sa capacité à organiser des mondes possibles et à les intégrer dans la progression de son histoire.

En ce qui concerne les fictions du politique, cet ouvrage comprend deux grandes parties. La première d'entre elles approfondit la dimension de la fiction (*fictio*) dans les domaines de la politique, de la culture et de l'épistémologie. Il s'agit d'un premier pas pour comprendre pourquoi elle est constituée comme une clé de lecture pour développer une compréhension de la question politique en psychanalyse. La dernière partie de ce premier chapitre est un commentaire des textes « dits » culturels de Freud afin de montrer leurs liens avec la problématique du politique et de la fiction.

La seconde partie du texte, intitulée « Freud et l'inconscient des modernes » vise à expliciter le problème politique créé par la violence collective, la mondialisation et ses universaux. Ce contexte sociohistorique est favorable pour penser les problèmes de la politique à l'égard de l'homme freudien, qui n'est autre que celui qui se projette dans le domaine culturel par le biais de sa désignation d'*homo loquax.*

Chapitre I

« LA FICTION EN PSYCHANALYSE : LE POLITIQUE ET L'EXPÉRIENCE DU NÉGATIF »

> *« L'individu contient beaucoup plus de personnes qu'il ne croit. « Personne » n'est qu'un accent mis, un résumé de traits et de « qualités ». »*
>
> (*Fragments posthumes*, X, 25 [363])
> Friedrich Nietzsche

I.1. - La *fiction* comme mode d'expression des créations socio-institutionnelles chez l'homme : épistémologie, histoire, culture

En ce qui concerne les liens possibles entre psychanalyse et politique, notre propos considère tout d'abord les hypothèses de la psychanalyse à propos des rapports entre la vie psychique individuelle et collective. Ces rapports ont un intérêt indubitable pour la question politique, montrant ses assises constitutives. Cela suppose d'ouvrir une voie de réflexion sur ce que font les hommes avec leurs créations politiques et culturelles, ce qu'elles permettent, nomment et interdisent. Cette façon de procéder ne permet pas d'écarter la notion de fiction, étant donné qu'elle permet que la question politique puisse être traitée sur un territoire d'appréciation des éléments culturels qui restent à la base de son fonctionnement.

Le sens étymologique du terme latin *fictio* ne peut pas être dissocié de l'ascendance du verbe *fingere*. Ce dernier exprime l'action de modeler un objet ou de le sculpter, de se représenter un état de choses ou de faits par le biais de la forme de ces mêmes objets. Cette première série d'acceptions montre le verbe *fingere* en correspondance avec une deuxième série de rapports ; modeler, c'est aussi inventer, concevoir, composer quelque chose pour en représenter une autre. De là découle l'expression latine *fictio,* de son participe passé *fictus*. Lié à la fiction, le vocable *fictor*, qui distingue la personne exerçant l'action de modeler ou de sculpter, peut aussi désigner, selon Virgile, l'artisan, le créateur de mots, dont Dieu est l'auteur. Ainsi, on peut considérer que l'association entre figure/*fingere* agit dans l'union de l'idée de figure et de représentation. Le verbe soulève la tâche de construire et de représenter un objet de façon non mimétique, car dans cette action, l'imagination occupe une place de choix. De cette dérive, qui accentue la fonction de modèle de la fiction face à la réalité et les objets, émerge sa signification première : elle est création, composition, façonnement avant d'être tromperie ou irréalité.

La fiction n'apparaît ainsi que comme un procédé faisant état d'énoncés contra-factuels d'un fait ou au sein d'un groupe. Elle conduit à la construction de possibles et constitue une part importante de la pensée symbolique, elle prend part aux actes de création et de figuration. De cette manière, dans le cadre du travail de création et de façonnement que la fiction opère face aux faits, leur évènement en tant qu'objet est envisageable. La transformation d'un fait en objet est déjà l'achèvement de la fonction poïétique qu'accomplit la pensée dans sa tâche de compréhension du monde. La fiction opère sur un double plan de figuration des faits ; elle les présente (*Darstellung*) aux procédures de l'entendement, puisqu'elle les rend susceptibles de devenir représentables (*Vorstellung*). Dans sa portée pragmatique, la fiction permet ainsi au travail de la pensée le retour à la réalité dont elle dépend au moyen de procédures non mimétiques. Le travail de la fiction se distingue par ses possibilités de transformation de la réalité.

L'épreuve de mutation de la réalité effectuée par la fiction est également une expression de la conversion philosophique exercée sur les faits. Les distinctions opérées par Aristote pour comprendre les procédures intrinsèques à la poétique et à l'histoire sont représentatives de cette métamorphose. Pour le Stagirite, les divergences qui s'expriment entre l'histoire et la poétique sont le fruit des formes par lesquelles l'homme traite les faits. Le poète parle des événements survenus aux hommes selon la façon dont ces événements pourraient avoir eu lieu (*hoîa àn génoito*), à la différence de l'historien, qui montre un intérêt pour les faits tels qu'ils se sont déroulés (*Tà genómena*). Si, dans le cadre d'une analyse d'ensemble, il est possible d'apprécier le fait que les événements particuliers sont à l'origine de l'intérêt de l'historien, l'art poétique prend en compte la restitution de la généralité (*tò kathólou*) selon le jugement probable et véridique (*tò eîkos*). Toutefois, cette accusation de procédures devient inféconde quant à la mise en évidence de ce que le poète peut réaliser avec l'histoire, car celui-ci peut également conduire l'activité créatrice (*poieîn*) vers les événements du passé, puisqu' ils répondent au critère du possible. La mise en forme de l'action créatrice du poète – synonyme de la représentation mimétique – présente l'art poétique comme une « composition d'histoires » organisée et conforme à la logique de ce qui est nécessaire. La poésie, même si elle n'est pas perçue comme la simple reproduction de la réalité est, pour Aristote, imitation (*mimesis*) et recréation de l'acte que constitue la vie (*énergeia*)[14]. Si l'histoire raconte ce qui est arrivé, l'art poétique contient la possibilité d'afficher ces événements comme des « événements susceptibles de survenir à nouveau dans les périodes de l'histoire. Dans ses efforts visant à créer un discours sur l'Universel, la poésie devient plus philosophique que l'histoire[15] ». Dans la prise en compte de ce qui est arrivé, le poète a besoin de la poïétique, dimension de création et modalité d'invention (*inventio*). La poésie n'est alors pas faite d'images ou d'énoncés, mais de fictions, et désigne l'agencement entre les actes. La querelle entre histoire et poésie enlève « le clair partage entre réalité et fiction, c'est aussi l'impossibilité d'une rationalité de l'histoire et de sa science[16] ».

Comme procédure non mimétique – en tant que simple imitation –, la fiction peut être appréciée dans son aspect constructif et imaginatif, car sa portée est toujours fictionnelle et non fictive. Le terme « fictif » éloigne l'originalité fournie par la fiction, pour développer un système de lisibilité sur l'ordre des faits, rejetant cette même ingérence dans le domaine historique et culturel.

Or, la fiction, en tant que catégorie d'analyse, peut-elle contribuer à l'organisation d'un savoir relatif à l'agencement des motifs politiques et culturels ? Pourrait-elle, dès lors, devenir un mode de pensée critiquant les formations sociohistoriques ? Quel serait le dynamisme qui pourrait lui permettre d'établir un lien de

---

[14] P. Aubenque, « Aristote », *Encyclopædia Universalis*, [en ligne], consulté le 27 mars 2017. URL : http://www.universalis.fr/encyclopedie/aristote/

[15] Aristote, *Poétique*, 9, (1451b 2), Paris, Seuil, 1980.

[16] J. Rancière, *Le partage du sensible*, Paris, La fabrique éditions, 2000, p.56.

compréhension pour les formations politiques et culturelles et l'exercice de l'histoire ? Nous essaierons de donner une réponse à ces interrogations par l'explicitation de la notion de fiction, son action et son incidence sur les formes de manifestation de l'*homo loquax*.

I.2. - La fiction comme procédure de création anthropo-poïétique

La discipline anthropologique a concédé à la fiction une place remarquable au sein de ses analyses. Elle occupe dans l'anthropologie de Claude Lévi-Strauss un statut non négligeable. À divers stades de son œuvre, Lévi-Strauss a accordé une place importante aux relations toujours enchevêtrées de la pensée et de l'ordre des faits[17]. Il remarque ainsi les difficiles obstacles auxquels est confrontée l'activité de l'entendement face aux faits de la nature, c'est-à-dire les zones obscures que la nature lui impose. Cependant, il n'hésite pas à déclarer que, dans l'impuissance apparente de l'entendement, se dévoile la facette la plus importante de l'entendement, celle de sa dimension créatrice et symbolique. À partir de l'analyse de la pensée sauvage, Lévi-Strauss observe les continuités qui opèrent entre la dimension culturelle et la nature. Il reformule, dans le traitement donné à l'entendement, toute possibilité de concevoir une discontinuité qui pourrait agir dans ces rapports. La figuration symbolique renverse les faits de nature au travers de la pensée, car c'est la manière qu'a l'homme d'aborder les faits. Il dispose d'une capacité

---

[17] C. Lévi-Strauss, « La science du concret », in *La pensée sauvage*, Paris, Plon, 1962, et également dans *Le totémisme aujourd'hui*, Paris, P.U.F., 1962.

cogitative bâtie par les procédures de sa conformation culturelle. Lévi-Strauss observe cette fonction créatrice comme un mode de figuration des faits et du monde, elle est clairement présente dans les propos que l'homme entame pour définir ses imaginaires identitaires.

> Par une telle science pratique indifférente à une classification précise des choses « sans utilité », les peuples se créent un monde dont ils ont une expérience précise, dont ils connaissent la signification et qui leur permet de rendre compte des choses et des êtres, des autres comme d'eux-mêmes[18].

La pensée transforme les événements du monde dans des objets possibles, conduisant le sens de cette mutation aux phénomènes qui instaurent l'habitation collective. Un fait important de cette mutation est constitué par l'aliénation que le moi subit lors de sa rencontre avec le semblable, condition requise pour l'épanouissement de son existence. Par le biais de cette expérience, la pensée est capturée dans la dynamique des créations fictionnelles, agissant cette fois dans le domaine de la formation de l'identité.

Lors d'une conférence, à l'occasion du 250ème anniversaire de la naissance de J.J. Rousseau[19], C. Lévi-

---

[18] E. Enriquez, *De la horde à l'État. Essai de psychanalyse du lien social,* Paris, Gallimard, 1933, p. 254.

[19] « Jean Jacques Rousseau, fondateur des sciences de l'homme », Discours prononcé le 28 juin 1962 à Genève en raison des cérémonies de commémoration de la naissance de Rousseau. La conférence donnée a été publiée pour la première fois par l'université ouvrière et la faculté des lettres de l'université de Genève, Neuchâtel, La Baconnière, 1962.

Strauss stipule les conditions du travail ethnologique face à ce qui constitue son territoire le plus insigne, *la culture*. Les mots prononcés lors de cette conférence s'étendent au-delà de l'horizon disciplinaire anthropologique, car ils prennent en compte la série des tensions qui sont introduites lorsqu'il s'agit de considérer l'homme comme une figure de production politique et culturelle. C'est par l'intermédiaire de l'héritage intellectuel de Rousseau que Lévi-Strauss met la subjectivité de l'homme en question. Ce questionnement ne s'établit pas en conformité avec les procédures de la réflexion transcendantale, car l'héritage reçu de Rousseau – particulièrement en ce qui concerne le contrat social –, définit la constitution de cette subjectivité par le moyen de la présence du partenaire humain[20]. Cette contestation n'oublie pas l'histoire, car elle admet l'importance de ses récits pour connaître le système de ses spécifications et variances quand il s'agit de reconnaitre la présence de l'altérité au sein de l'historicité humaine. Ces récits – propres à chaque univers historique, signifiant et matériel –, distinguent d'une manière explicite ou larvée une facette fictionnelle pour régler le problème historique des identités et des différences, en les considérant dans un espace et un temps qui engage une idée du passé, du présent et de l'avenir.

Une grande partie de l'allocution de Lévi-Strauss de 1962 insiste sur le statut de cette subjectivité « interrogée » et la transforme en une avancée incontestable pour établir un itinéraire propre aux objets de l'anthropologie. Quelle est alors la condition la plus intime pour l'*homo loquax* ? Cette question soulève le fait que l'objet de l'anthropologie ne peut pas être aussi évident, et encore moins naturel, il devrait être considéré

---

[20] J.J. Rousseau, *Du contrat social*, Paris, Flammarion, 2011.

en évoquant le ressort de l'épochè (ἐποχή), pour comprendre ainsi la dimension ontologique qui se trouve à la base de ce questionnement. La perspective anthropo-poïétique que définissent les relations entretenues par l'*homo loquax* avec la création et les activités de transformation des objets découle de cette variable ontologique. Elle évoque la condition humaine dans un état d'incomplétude radicale, d'où proviennent les efforts de figuration du monde et des objets. Il s'agit d'une condition productrice de sens travaillée par Kant à partir de la notion de *Darstellung* et d'*Einbildungskraft*[21]. C'est cette idée d'incomplétude qui relie, dans le texte de Lévi-Strauss, la réflexion ethnologique à la position existentielle de l'homme dans le monde.

De ce fait, l'allocution de 1962 se concentre sur cette extension, elle pense le monde comme un mode de présentation de l'idée de l'homme. Cette situation, qui n'est pas dépourvue d'une nuance philosophique, fait des outils culturels une matière de réflexion plus vaste sur l'humanité et ses œuvres[22]. De ce fait, l'ethnologie peut offrir un nombre important de références afin d'estimer l'importance de ces œuvres qui, par leur portée, peuvent être considérées comme l'expression des liens que l'homme entretient avec le monde. Ces liens mettent en évidence le travail de représentation qui opère face aux

---

[21] E. Kant, *Critique de la raison pure*, Paris, P.U.F., 2012.

[22] Cette idée d'humanité conduit à un développement particulier dans la pensée de Lévi-Strauss, puisqu'elle implique une discussion préalable sur les questions ouvertes pour les différences culturelles. Voir notamment la conférence effectuée par Lévi-Strauss en 1951 auprès de l'Unesco, compilée sous l'intitulé « Race et histoire », in *Anthropologie structurale II*, pp. 383-384. Voir aussi la conférence développée également au sein de l'Unesco en 1971, et publiée par la suite dans *Le regard éloigné*, Paris, Plon, 1983.

faits pour les transformer, par la suite, en objets possibles. Ce travail consiste moins en la reproduction de données perceptibles qu'en la capacité typiquement humaine de bâtir et de façonner un monde. Il s'agit de la figuration projective que l'homme opère face aux objets, émergence de sa pensée symbolique qui élabore et construit sur l'absence des objets un véritable travail d'ordre fictionnel. Ce genre de pensée reprend de ces mêmes objets un ensemble de relations qui permet de les considérer comme le déploiement de significations humaines dirigées vers le monde. Ainsi, un objet peut être considéré « objectif » lors de son entrée dans un système de figuration humaine qui le rend objectivable. C'est dans cet acte d'objectivation des « faits de la nature » que la culture se fonde, en octroyant à l'homme une organisation de représentation des objets. La fiction correspond ainsi à une action constructive du monde et possède la faculté de produire des objets par le biais de la distance. Il s'agit d'une action qui invoque l'objet grâce à la récupération de sa forme. Les formes symboliques produisent ainsi le deuil de l'objet en établissant la figuration de son absence par le biais de la fiction de sa forme[23]. La connaissance octroie à la fiction un rôle qui n'est pas tant la délégation d'une forme de discours sur le monde, mais bien la possibilité de parler d'un monde converti en fiction par le discours.

---

[23] « Tout effort pour comprendre détruit l'objet auquel nous nous étions attachés, au profit d'un effort qui l'abolit, au profit d'un troisième, et ainsi de suite jusqu'à ce que nous accédions à l'unique présence durable, qui est celle où s'évanouit la distinction entre le sens et l'absence de sens : la même dont nous étions partis. Voilà deux mille cinq cents ans que les hommes ont découvert et ont formulé ces vérités. Depuis, nous n'avons rien trouvé », C. Lévi-Strauss, *Tristes Tropiques*, p. 493, Paris, Plon, 1955.

Dans la politique d'Aristote, ce travail de production figurative porte de nom de poïétique, et non de praxis[24]. D'une manière générale, la valeur d'une forme symbolique est introduite comme un *Bauen* (construction) au moyen d'un *Bilden* (faire apparaître en façonnant une forme). L'objet est ainsi présenté par une invention formelle. Les formes qui accordent la connaissance des « objets possibles » ne surgissent pas de la comparaison des contenus et de l'abstraction des règles, car elles sont la règle qui rend possible la comparaison. Les formes présentées sous la fonction symbolique sont ainsi des formes constituantes de l'expérience et des mondes possibles, articulées autour de différents milieux poïétiques. Elles comprennent des procédures telles que la modélisation imaginative, la projection, la formalisation et l'argumentation. L'ordre des objets n'est pas dans les faits de la nature, celui-ci est plutôt projeté dans les objets.

> Les objets ne sont pas des substances indépendantes ; on ne dispose pas de classes d'objets définies par des critères essentiels d'appartenance, mais plutôt de classes relatives à un système de référence et à un monde possible[25].

Transformant les objets en entités possibles, on accède à la nécessité formelle de l'objet, en délimitant

---

[24] Chez Aristote, l'idée de poïétique a pour but ou pour résultat *(ergon*), quelque chose d'autre que l'activité qui la produit. La praxis ne produit pas de résultats séparément. Voir Aristote, *Éthique à Nicomaque* (I 1,1094^{a}3ss et 16ss), Paris, Vrin, 1994.

[25] S. Borutti., *« Fiction et construction de l'objet en anthropologie »*, p. 82, in *Figures de l'Humain. Les représentations de l'anthropologie*, Paris, Éditions de l'École des Hautes Études en Sciences Sociales. 2003.

l'injonction cognitive qui remarque que tout objet de la connaissance doit être ordonné conformément à la nécessité et à la contingence. Cette injonction, qui établit des rapports avec ce qui se trouve circonscrit selon une forme, peut s'entendre dans un sens proche de celui d'Aristote, définissant la *techne* comme une activité n'ayant aucun lien avec le particulier. Un objet ainsi défini est un objet non substantiel, non pas absolu, mais plutôt relatif à une possibilité formelle.

Cette procédure de la connaissance prend corps dans l'expression d'un événement historique ou dans la figuration d'un phénomène culturel. Elle se trouve également présente dans les développements conceptuels des sciences humaines comme présentation rhétorique et comme figure discursive faisant voir les objets comme s'ils étaient présents. L'objet des sciences humaines devient ainsi moins thématique (régime d'objet doté de propriétés) et clairement métaphorique. La pertinence de ces affaires ne présente un intérêt exclusif que par les formes de connaissance du sensible, car elle a une incidence sur les conditions mêmes de la subjectivité humaine. La pensée devient la figuration du donné, puisqu'elle-même s'érige en objet possible de l'analyse fictionnelle.

I.3. - La fiction dans l'illusion de l'ipséité originaire de l'homo loquax

Le travail de la fiction met en évidence les modes qui œuvrent à l'intérieur de la subjectivité pour décliner toute position absolue du moi. En tant que condition de l'existence humaine, les temps propres au moi reposent sur la rencontre singulière avec autrui, phénomène qui permet au moi d'entrer dans le circuit de l'identification du geste humain [26]. Le moi trouve dans les formes extérieures et anonymes à son existence la constitution de son expérience par le moyen de son double, conformant en lui la négation de toute ipséité originaire. Lévi-Strauss retrouve le fondement de ce mouvement de révocation du « moi absolu » dans l'expérience de la pitié :

> […] condition primitive, une faculté essentielle qui le pousse à franchir ces trois obstacles ; qui possède, par conséquent, à titre originel et de façon immédiate, des attributs contradictoires sinon précisément en elle ; qui soit, tout à la fois, naturelle et culturelle, affective et rationnelle, animale et humaine ; et qui, à la condition seulement de devenir consciente, puisse se convertir d'un plan sur l'autre plan. Cette faculté, Rousseau n'a cessé de le répéter, c'est la pitié, découlant de l'identification à un autrui qui n'est pas seulement un parent, un proche, un compatriote, mais un homme quelconque du moment qu'il est homme, bien plus : un être vivant quelconque, du moment qu'il est vivant[27].

Cette figure de la pitié comme notion pouvant être naturelle et culturelle, affective et rationnelle, animale et humaine, permet à Lévi-Strauss d'exclure toute lecture visant à exprimer l'absence de tendances non culturelles dans l'institution de l'humanité :

> On a commencé par couper l'homme de la nature, et par le constituer en règne souverain ; on a cru ainsi effacer son caractère le plus irrécusable, à savoir qu'il est

[26] J. Lacan, « Le stade du miroir comme formateur de la fonction du Je », *Écrits*, Paris, Le Seuil, 1966.
[27] C. Lévi-Strauss, « Jean-Jacques Rousseau, fondateur des sciences de l'homme », op. cit., pp. 49-50.

> d'abord un être vivant. Et, en restant aveugle à cette propriété commune, on a laissé le champ libre à tous les abus. Jamais mieux qu'au terme des quatre derniers siècles de son histoire, l'homme occidental n'a pu comprendre qu'en s'arrogeant le droit de séparer radicalement l'humanité de l'animalité, en accordant à l'une tout ce qu'il retirait à l'autre, il ouvrait un cycle maudit, et que la même frontière, constamment reculée, servirait à écarter des hommes d'autres hommes, et à revendiquer, au profit de minorités toujours plus restreintes, le privilège d'un humanisme, corrompu aussitôt né pour avoir emprunté à l'amour-propre son principe et sa notion[28].

La pitié devient une notion centrale pour comprendre le déploiement de la sensibilité face au monde, agissant également comme une clé de voûte pour l'épanouissement vers l'altérité et la relativité. Cette analyse développée par Lévi-Strauss autour de la pitié se fait selon une progression conceptuelle mettant en évidence une cohérence extrême. Depuis son début, cette progression intègre les thèses psychanalytiques attribuées à l'exil intérieur de la vie de l'homme, pour ensuite englober l'idée de l'aliénation du moi absolu dans les figures de l'Autre.

Dans ces relations qui peuvent être précisées comme celles du moi au monde, Lévi-Strauss entraîne un glissement de l'intériorité, au moment d'observer toute « l'extériorité du monde », dans la désignation subjective du moi. L'envergure de ce dernier point conduit vers un véritable « glissement anthropologique du moi ». Cette situation remarque les relations qui s'établissent entre

---

[28] Ibid., p. 53.

l'individu et la culture, pour montrer ensuite qu'à l'autre extrémité de l'intériorité de l'homme, surgit l'extériorité du monde[29].

Quelques années auparavant[30], les idées pertinentes pour préciser ce glissement anthropologique du moi, étaient désignées par une idée de l'inconscient, concept que Lévi-Strauss définit comme un « médiateur entre le moi et l'autre ».

> Car c'est la linguistique, et plus particulièrement la linguistique structurale, qui nous a familiarisés depuis lors avec l'idée que les phénomènes fondamentaux de la vie de l'esprit, ceux qui la conditionnent et déterminent ses formes les plus générales, se situent à l'étage de la pensée inconsciente. L'inconscient serait ainsi le terme médiateur entre moi et autrui. En approfondissant ses données, nous ne nous prolongeons pas, si l'on peut dire, dans le sens de nous-mêmes : nous rejoignons un plan qui ne nous paraît pas étranger parce qu'il recèle notre moi le plus secret ; mais (beaucoup plus normalement) parce que, sans nous faire sortir de nous-mêmes, il nous met en coïncidence avec les formes d'activités qui sont à la fois nôtres et autres[31].

---

[29] « Descartes croit passer directement de l'intériorité d'homme, à l'extériorité du monde, sans savoir qu'entre ces deux extrêmes se placent des sociétés, des civilisations, c'est-à-dire des mondes d'hommes. C. Lévi-Strauss, « Jean-Jacques Rousseau, fondateur des sciences de l'homme », p. 48, in *Anthropologie structurale*, II, Paris, Plon, 1973.

[30] En 1950, dans l'introduction que Lévi-Strauss rédige à la demande de G. Gurvitch pour le texte de Marcel Mauss intitulé *Sociologie et anthropologie,* Paris, P.U.F, 1950.

[31] C. Lévi-Strauss, « Introduction à l'œuvre de Marcel Mauss », op. cit., p. XXI,

Dans le même texte, on trouve également l'idée que l'incorporation de ces formes de la vie sociale entraîne une torsion du moi vers le monde, torsion portant expressément sur l'idée du moi comme autre.

> Car c'est à proprement parler celui que nous appelons sain d'esprit qui s'aliène, puisqu'il consent à exister dans un monde définissable seulement par la relation de moi et d'autrui[32].

Dans la conférence de 1962, la permanence de quelque chose de divers et étranger au moi, dans les formes qui définissent sa constitution, présente la contextualisation du problème de l'altérité. C'est à ce point que l'héritage de Rousseau est souligné par Lévi-Strauss comme un axe central pour le corpus des énoncés anthropologiques. Le phénomène de l'altérité exprime le caractère paradoxal du processus de subjectivation de l'*homo loquax*, car celle-ci soumet les hypothèses du moi absolu et originaire à l'émergence de la relativité apportée par l'autre.

I.4. - La relativité des formes de l'autre comme dits de la fictio

C'est par l'antériorité des sentiments sur les idées que Rousseau donne suite aux travaux détaillés dans l'*Émile*[33], cherchant ainsi à mettre en place une conceptualisation de la primauté des affects primitifs et originaires. À cet égard, Rousseau est l'héritier d'une tradition de pensée inaugurée

---

[32] Ibid., p. XX.

[33] J.J. Rousseau, *Émile ou de l'éducation*, Paris, Flammarion, 2009.

par Descartes dans le *Traité des passions de l'âme*[34] et poursuivie par Spinoza dans les idées que ce dernier travaille dans la troisième partie de son Éthique[35]. Pour Rousseau, l'interrogation demeure en ce qui concerne le caractère universel de la conscience morale et des principes qui la fondent.

La réflexion de Rousseau sur la place qu'occupe la sensibilité dans la constitution de la philosophie morale l'amène rapidement à distinguer deux groupes d'idées : avant la raison, l'amour de soi et la pitié. Après la raison, la conscience morale et l'amour propre. L'amour de soi ne serait pas seulement une affection primitive, un simple élan pour l'activité pratique de la conscience, puisqu'il est la source unique de toutes nos passions, pathos originaire qui naît avec l'homme et ne le quitte jamais. S'agissant d'un entendement qui montre la position de l'homme face à son milieu, l'amour de soi se remet au sujet comme forme pure du passionnel, passion primitive, innée et antérieure à tout état. Rousseau ne doutait pas de voir dans le reste des passions une poursuite de cette forme originaire des affects. Depuis la forme du *conatus* spinoziste, l'amour de soi s'érige comme la frontière et la limite de l'universalité de la culture face à toute présence d'individualité. Mais c'est elle-même qui permet toute mobilisation vers la présence du semblable. Comme un sentiment d'appropriation et de force d'organisation, elle est, dans sa conformation affective, pure diversité face à l'horreur de la mort qui, en tant que mal absolu, tend uniquement à la décomposition de l'individualité.

---

[34] R. Descartes, *Les passions de l'âme*, Paris. Vrin, 2000.

[35] Spinoza, *Éthique*, Paris, Point Essais, 2014.

Cette forme primitive de positivité face à la raison prend une direction particulière, car la raison étant essentiellement un pouvoir de comparaison, elle transforme le moi d'un moi-absolu en un moi-relatif. Le moi-relatif s'obtient dans l'écart ressenti par rapport aux autres. Cette différence perçue fait de la raison une force du consensus et de l'universalité de l'anonymat du semblable, étant donné que le passage de l'adhérence du moi-absolu aux figures du moi-relatif n'est atteint que dans les limites que l'humanité apporte au cours des satisfactions originaires. Des tensions entre l'adhésion à un moi-absolu ou un moi-relatif émerge l'humanité entière comme formation culturelle. En raison de ces contraintes, le moi-absolu devient amour propre. Amour propre qui, compris à partir de l'ingérence de la culture sur l'amour de soi, induit une transformation qui le fera devenir pure volonté de dépasser autrui, effort à la limite d'une reconnaissance, d'une vaillance de supériorité et d'anéantissement.

La figure du *pathos*, attribué par Rousseau à tout ce qui se trouve dans la formulation de ce moi-absolu, peut également être source de passions et de vertus, telles que l'amour, « *ce sentiment doux et vif qui joint la force de l'amour propre à toute la beauté de la vertu*[36] ».

On observe que la raison se trouve de cette manière présente dans le passage de la pitié aux sentiments sociaux, voire dans l'extension de l'amour de soi à la pitié. C'est ainsi que, pour la raison, l'amour de soi est soumis aux comparaisons qu'il permet, toujours condamné par les deux alternatives possibles :

---

[36] J.J. Rousseau, *Discours sur l'économie politique*, III-255, Paris, Flammarion, 2011.

> Voilà le point où l'amour de soi se change en amour-propre, et où commencent à mettre toutes les passions qui tiennent à celle-là. Mais pour décider si celles de ces passions qui domineront dans son caractère seront humaines et douces, ou cruelles et malfaisantes, et si ce seront des passions de bienfaisance et de commisération, ou d'envie et de convoitise, il faut savoir à quelle place il se sentira parmi les hommes, et quels genres d'obstacles il pourra croire avoir à vaincre, pour parvenir à celle qu'il veut occuper[37].

La raison acquiert ainsi l'allure d'un véritable mouvement d'identification et de recherche d'identité dans la relativité universelle constituée par la culture. Ainsi, en tant que mouvement de différenciation et de relativité, la raison opère en tant qu'activité de jugement, hiérarchisant les passions au moment où celles-ci sont introduites dans une logique qui ne saurait que plaider pour l'identification au semblable. La pitié est, pour Rousseau, le sentiment qui touche au cœur selon l'ordre de la nature humaine, en tant que sentiment relatif et non absolu.

> La pitié, bien que naturelle au cœur de l'homme, resterait éternellement inactive sans l'imagination qui la met en jeu. Comment nous laissons-nous émouvoir à la pitié ? En nous transportant hors de nous-mêmes[38].

Or, en tant que sentiment relatif, la pitié est considérée par Rousseau comme une activité antérieure à tout mouvement de réflexion, « *pur mouvement de la nature*

---

[37] J.J. Rousseau, *Émile ou de l'éducation*, op. cit., IV-523-524

[38] J.J. Rousseau, *Essai sur l'origine des langues*, IX, Paris, Gallimard, 1990.

antérieur à toute réflexion[39] ». Pour Rousseau, la pitié sera la clé centrale de cet ensemble d'anthropologie de la sensibilité, car elle se porte sur un mouvement qui la constitue comme un affect primitif, mouvement du cœur et insistance de la passion. En tant que pur sentiment d'amour, elle ne pourrait être l'action d'un jugement, car ses actes ne sont que l'expression de sentiments. Conscience morale qui, en tant que principe immédiat de la conscience, s'érige quelle qu'en soit la raison, en en faisant une entité dans une recherche permanente des règles pratiques qui doivent guider son action. Il est important de souligner que, même si cette conscience est considérée par Rousseau comme une conscience instinctive, innée et divine, son fonctionnement n'est possible qu'à la lumière de la raison. Elle n'est opérable que par les moyens offerts par l'humanité. C'est uniquement grâce à ces éclairs que l'être humain peut parvenir à connaître l'ordre et, en les connaissant, les aimer.

Les principes de la prise de conscience sont ainsi immédiats et sensibles. Mais ils ne peuvent devenir actuels qu'après que la raison ait agi, en montrant à ces principes les objets qui leur sont propres. Devenus actuels, les principes de la prise de conscience poussent l'homme au choix, à la liberté, au conflit entre s'ordonner par rapport au tout, ou ordonner le tout par rapport à lui-même.

Une certaine idée de la fiction est forgée par Rousseau, depuis le moment où le rapport entre l'état de nature et homme civil, le citoyen est suppléé par la figure du contrat social. L'institution fonctionne en tant que fiction de la

---

[39] J.J. Rousseau, *Second Discours sur l'origine de l'inégalité parmi les hommes*, I, III-155, Paris, Gallimard, 2006.

communauté humaine, et l'universalité de la communauté est opposée à la voracité de l'amour de soi. Les passions sont ainsi dissoutes au profit de la poussée de l'universalité, de la loi et du contrat qui, en tant que parties intégrantes de la totalité, ne peuvent pas être dissous, car ce mouvement modifierait la totalité dans son ensemble. Les passions ne sont pas, chez Rousseau, opposées à l'institution en tant que fiction, car la passion s'intègre dans la fiction comme catégorie toujours soumise dans la totalité, ce qui entraîne une altération de son état originaire.

Comme Lévi-Strauss le souligne à travers Rousseau, les soubassements fictionnels de l'universel sont des constructions socio-institutionnelles et sociohistoriques soutenues dans le registre imaginaire qui les rend possibles. Castoriadis a fourni une définition appropriée de ces mondes imaginaires et radicaux[40], pour parler d'une situation sociohistorique qui, inscrite dans le temps et dans l'histoire, montre le caractère dynamique et jamais réifié de la culture. La figure de Rousseau est importante pour les problèmes qui sont à l'œuvre lorsqu'il est question de penser une philosophie de type moral. À partir de cette tentative, on peut observer les contours et les tensions caractérisant les conflits fondamentaux de l'homme : soit

---

40 « Pourquoi imaginaire politique grec et moderne ? Pourquoi imaginaire ? Parce que je tiens que l'histoire humaine, donc aussi les diverses formes de société que nous connaissons dans cette histoire, est essentiellement définie par la création imaginaire. Imaginaire, dans ce contexte, ne signifie évidemment pas *fictif, illusoire*, spéculaire, mais position de nouvelles formes, et position non déterminée mais déterminante ; position immotivée, dont ne peut pas rendre compte une explication causale, fonctionnelle ou même rationnelle ». C. Castoriadis, « Imaginaire politique grec et moderne », in *La montée de l'insignifiance, les carrefours du labyrinthe*, 4, Paris, Seuil, 1996, p. 192.

la sédimentation en formes concentriques au moi absolu, soit l'issue de l'agression au moyen des figures d'un moi relatif.

L'expansion de cette âme sensitive qui se penche vers autrui ne se limite pas, de manière exclusive, à la présence de tout ce qui est humain, car elle concerne tout être sensible, tout ce qui vit et souffre. Lévi-Strauss souligne ce point fondamental concernant la construction de l'ethnologie comme discipline héritière de l'ouvrage de Rousseau, car c'est dans l'ensemble de la relativité fournie par l'autre que l'idée de la différence prend corps. Il est intéressant de noter que l'identification à un autre comme tel, permet de distinguer le « je », inscrit dans la philosophie de celui que l'anthropologie considère dans la constitution du « nous », comme soubassement et condition des représentations culturelles d'une société.

I.5. - La fictio dans les domaines des tensions entre liberté individuelle et sens sociaux

Analysant le versant fictionnel depuis un aspect narratif, Marc Augé explique le cours des tensions culturelles existant entre la liberté individuelle et les sens collectifs, ou entre l'individu pris sous une forme particulière et les restrictions qui, face à cette dimension, expriment les saturations de la culture. Les analyses de Marc Augé, situées à titre préliminaire sur le terrain des sociétés traditionnelles, décrivent les tensions générées par ces deux domaines de la vie sociale, parlant ainsi de « sociétés de l'immanence[41] ». Ces organisations soulignent, d'une part,

---

[41] M. Augé, *Le sens du mal. Anthropologie, histoire, sociologie de la maladie*, Paris, éditions des archives contemporaines, 1985.

le fort pouvoir de coercition exercé, au niveau intellectuel, par des structures d'ordre sur les individus, ne laissant aucune place à la participation des manifestations individuelles. D'autre part, les cultures de l'immanence opèrent, conformément à une tentative de réduction, des excès produits par le contingent afin de conduire tout évènement aux formes déjà connues de figuration. Cette opération fictionnelle s'affirme comme la tournure que comporte toute culture pour traiter avec le sensible en organisant, en conséquence, sa manière de symboliser les objets et le monde.

Il s'agit d'une manière de réduire les excès impliqués par les évènements naturels et humains dans l'organisation de la collectivité (crises politiques, catastrophes naturelles, mises à mort, sorcellerie). À partir de cet impératif de réduction, les événements visent à être éclaircis, en accord avec l'univers des représentations signifiantes propres à la culture. En ce qui concerne la vie de l'individu singulier, ces régimes signifiants agissent d'une manière totale, en conférant une série d'aspects subjectifs et temporaires qui permettent la fiction de l'existence identitaire. Ce type de saturation démontre le caractère relativement sédimenté des procédures symboliques qui opèrent au niveau culturel, tout en constituant un essai d'entropie négative vis-à-vis de l'excès et du désordre produits dans l'édification des univers culturels. Entre les libertés individuelles et les sens sociaux, transite la fiction bâtie par l'homme pour ériger les récits de l'histoire.

Aucun univers culturel ne réalise la clôture totale des phénomènes et des événements qui agissent comme des excès. L'effort continu de réduction à la contingence sous-tend cette impossibilité. D'autre part, en tant qu'expression d'un univers matériel, symbolique et idéal, aucune culture ne peut régler les tensions et les distances générées entre le domaine de l'existence individuelle et le système des sens sociaux. Cette tentative s'observe dans les procédures politiques et institutionnelles du totalitarisme, dès lors qu'elle tend à enfermer les sens possibles de ces tensions dans un domaine strict de réduction. Compte tenu de l'impossibilité de la fermeture des sens possibles, M. Augé a développé une lecture très instructive de J.P. Vernant,[42] démontrant le changement de l'univers symbolique, de la raison rhétorique vers la réalité de l'écriture et la tragédie grecque. Le passage est réalisé, selon M. Augé, par l'opération de fictions, par la position que la tragédie attribue désormais au héros qui, banni du récit épique, surgit comme individualité questionnée. Dorénavant, l'écriture produite par l'expérience tragique donnera naissance à « une raison individualisée », originale, en dehors du contexte de l'immanence acceptée. On définit ainsi un nouveau scénario subjectif qui attribue une position originale à l'écrivain, ainsi qu'au lecteur et au spectateur. Cette transformation des temps et des lieux, des récits et des acteurs, exprime l'impossibilité de l'obturation totale des cultures de l'immanence. L'échec de ces fermetures exprime la contrainte que l'histoire rend évidente au moyen de ses récits. En remettant la variable historique au cœur des tensions générées entre les libertés individuelles et les sens sociaux, on obtient des querelles historiques propres à la dimension dite politique, l'allure fictionnelle des séries d'opposés : barbarie/civilisation, anarchie/totalitarisme, émancipation de l'homme/pacification de l'individu.

---

[42] J.P. Vernant, *Les origines de la pensée grecque*, Collection « Mythes et religions », Paris, P.U.F., 1962.

I.6. - La fonction de la méconnaissance, de la sexualité et du sacrifice chez l'homo loquax

Nos préoccupations se sont principalement dirigées vers l'espace assigné à la condition anthropo-poïétique, soulignant ainsi l'importance que celle-ci revêt dans la connaissance des objets et dans le devenir de l'homme dans le monde. Ce scénario ontologique a été analysé en raison des fonctions remplies par l'activité de la pensée lorsque celle-ci est prise comme objet d'analyse de la démarche fictionnelle. Considérée dans le domaine du devenir humain, la pensée est appréciée par Freud à partir d'un système de couches d'enregistrement qui décrivent l'essentiel des rapports entre la vie psychique consciente et inconsciente. Ces deux types de fonctionnement occupent une place importante dans les motivations politiques des collectivités, montrant un commerce associatif qui ne peut être qualifié que de « symptomatique » face aux buts des logiques sociales. Ainsi, les lois de fonctionnement de l'inconscient reproduisent la condition incomplète de la pensée humaine vers le registre des actions de méconnaissance, mettant en évidence la dimension ontique du devenir humain – qui est d'abord pré-ontique[43]. Il faut dire que cette fonction de méconnaissance n'est pas seulement l'expression d'un état de pétrification subjective, et encore moins la simple manifestation d'une aliénation constitutive. En réalité, dans cette fonction résident les tentatives visant à mettre en évidence les formes propres du moi qui sous-tendent des formations qui lui sont impropres, en faisant du moi une formation

---

[43] J. Lacan, *Le séminaire, Livre XI. Les quatre concepts fondamentaux de la psychanalyse*, Paris, Seuil, 1973.

soumise en permanence à la loi du différé, de quelque chose d'autre.

La délimitation de ces lois du différé s'étend sur le plan des processus de subjectivation collective, en érigeant un nombre important des modalités de réflexion concernant la constitution des liens politiques. Les références fournies par Freud pour considérer la constitution de ces liens montrent à quel point la psychanalyse ne peut se passer d'une compréhension de la dimension collective, en dehors de toute référence à la dimension des lois du différé. On remarque la présence de cet aspect dans tout ce que Freud ordonne à propos de l'importance de la notion d'altérité pour penser la subjectivation qui travaille chez l'individu, afin de lui donner une certaine représentation de son identité.

Bien que ces lois du différé ne puissent offrir un point *alpha* à partir duquel toute la démarche historique du politique se déroulerait, elles octroient *l'aleph*, c'est-à-dire une certaine idée des principes organisateurs de la vie sociale. En fait, Freud trace un chemin pour penser la question du politique qui souligne, de manière permanente, cette dimension de l'altérité au point de faire de cette altérité le centre du problème de la reconnaissance. C'est la reconnaissance de cette altérité par le moi qui conduit à visualiser en quoi Freud a pu admettre une lecture des notions transhistoriques comme celles de la nature du pouvoir, de la pulsion de destruction, de l'amour et de la haine. Cela dévoile la question qui consiste à se demander : peut-on penser la psychanalyse comme une discipline orientée vers l'entendement de l'expérience vécue ? Il s'agit de comprendre que, pour l'être humain, il y a une seule manière d'éprouver le lien social. Celui-ci se construit dans le rapport à l'autre et se manifeste comme liaison d'amour, de haine, d'alliance, de compétition, de travail ou d'idéalisation. Ces diverses figures montrent que nous sommes liés aux autres comme des êtres différents de nous, séparés de notre corps, de notre esprit, sans jamais être réductibles à une simple équation cogitative. Le lien social se dévoile de la sorte comme un lien tragique : il montre que les autres existent, non comme objets possibles de notre satisfaction, mais comme sujets de leurs désirs. Ils peuvent nous aimer, nous haïr, ils manifestent des volontés contradictoires aux nôtres, ils ont des dangers qui peuvent nous nuire, empêchant notre survie, mais aussi notre narcissisme. Mais nous pouvons aimer, détester, haïr autrui, à tel point que nous pouvons être notre propre traitre. Tous les textes de Freud ayant une portée sociale, tels que *Totem et tabou*, *Psychologie des masses et analyse du moi*, *L'Avenir d'une illusion*, *Malaise dans la culture* ainsi que *L'homme Moïse,* rendent compte d'une véritable réflexion sur l'embarras du lien à l'autrui impliquant la difficulté de vivre avec nous-mêmes. Dans le rapport à autrui, la dimension humaine établit la filiation toujours inavouée à un genre d'angoisse qui n'est pas maîtrisable : les repères pour vivre ensemble sont fragiles, changeants. Notre corps – comme la psychanalyse en fait preuve –, n'est pas totalement notre corps, notre moi ne nous appartient pas. Nous sommes entourés de dangers, habités par des persécuteurs internes. Cette situation, que E. Enriquez appelle l'expérience de l'innommable[44], nous place dans le scénario dans lequel le lien social n'a pas de frontières précises permettant la mise en ordre des choses et des êtres. C'est l'expression de la souillure, l'émergence de l'indifférenciation d'un monde où les repères s'effacent. Or, toute société crée un rapport au politique dans la lutte

---

[44] E. Enriquez, *De la horde à l'État. Essai de psychanalyse du lien social*, Paris, Gallimard, 1983, p. 244.

contre l'indifférenciation, ce qui fait surgir le phantasme du chaos primordial et du désordre. Pour que sa politisation advienne à une collectivité humaine, il faut qu'elle favorise l'ordre et la clarté, le consensus et l'harmonie en acceptant que cet ordre soit toujours menacé par le désordre. Le consensus est lié consubstantiellement au désordre et au conflit. La vérité, qui avère le conflit, est le danger possible du chaos. Son domaine d'existence est toujours fantasmatique et réduit à l'espace du possible. Pour tout ordre social, le chaos agit à la façon de l'hypothèse d'une extrême nécessité, le chaos est le fond d'où l'on peut imaginer l'ordre. Il faut donc imaginer le désordre total pour imaginer l'ordre et pour bâtir ainsi ses fictions et ses créations. Le chaos est un outil pour l'imaginaire, requis par le lien social, afin de constituer le monde du même, du double infini, du mimétisme collectif nécessaire à une requête identitaire qui réifie la présence de l'autre comme différence constitutive. Il permet les effets de miroir que le lien social trouve au moment de définir les sens et les pratiques de la mêmeté souhaitée, logique qui efface et abolit toute différence (que ce soit des sexes ou des générations).

Cependant, la vie psychique inconsciente de l'individu installe une aporie face au monde des possibles. Le chaos a toujours été là, il s'agit d'un constat. Il demeure dans le clivage primordial, toujours présent dans notre vie psychique, entre nous et les autres. Autrui est là pour m'aimer, mais aussi pour me détruire, il me fait signe de sa différence et de sa similitude englobante. Le chaos, dans le domaine de l'individu, n'est pas une image, il est une réalité, il peut ensevelir les phénomènes identificatoires, les introjections, les projections nécessaires à la subjectivation psychique. Le chaos, comme réalité, érige des images au niveau collectif, à tel point que la représentation d'un chaos primordial n'est que l'image psychique de nos peurs, de nos vacillements, de notre effondrement possible. On ne peut nier le fait qu'autrui puisse s'avérer soudainement être un persécuteur ou un tortionnaire. En effet, autrui est présent, de manière constante, comme la trace d'un processus hallucinatoire dans nos gestes et dans nos pensées. Le chaos peut être ce qui se fait, ce qui s'accomplit entre moi et l'autre. À tout moment, je peux me morceler, me briser, autrui peut devenir mon bourreau.

Comment trouver une issue à cette situation effrayante qui caractérise le problème de l'altérité et de sa reconnaissance ? Il s'agit du noyau qui constitue le lien social. Pour E. Enriquez, le chemin de lecture de cette situation peut se construire à partir des voies de la violence et de l'amour[45]. Pour la psychanalyse, cet antagonisme soulève bien un autre ordre de figuration qui montre autrui tantôt comme un élément de *destruction*, tantôt comme une figure de *construction*. Chacun de ces éléments pourrait agir en tant que fondateur du lien social, et c'est ainsi que l'histoire le détermine.

Pour la psychanalyse, la violence qui agit dans la destruction se retrouve, à l'aube de la civilisation, dans la cruauté du chef de la horde primitive, si étincelante dans le refus d'amour et de reconnaissance, ce qui empêche la création de la culture en tant que système symbolique. Ce genre de violence entrave tout lien à une relation de force. Elle est également présente dans l'acte meurtrier commis par les membres de la horde qui, en tuant l'omniprésent, le créent en tant que père. Le père advient comme un personnage sacré et idéalisé. Mais seule cette violence destructive peut être fondatrice de l'indifférenciation totale

---

[45] E. Enriquez, Ibid., p. 246.

entre tout ce qui ne se trouve pas à la place du chef de la horde. Le désordre est lié, ici, à la toute-puissance de l'Un, au désir effréné d'un seul qui poursuit inlassablement une satisfaction devant rester à jamais insatisfaite. L'issue de ce désordre n'est pas assurée, car les frères peuvent vouloir occuper la place du père afin d'entrer dans une lutte fratricide sans issue. Toutefois, ils peuvent créer une communauté permettant de dériver vers des victimes émissaires la violence qui les anime les uns contre les autres. La montée du racisme et de la discrimination qui accable les minorités de différents types en sont des exemples. Ce cas de figure se poursuit : la guerre civile est le fond à partir duquel se fonde toute société, la destruction et l'apocalypse étant la tentation permanente. La violence n'est pas la seule figure fondatrice. En 1912, Freud constatait que le rassemblement des frères prédisposait la création de liens libidinaux, il fallait s'aimer les uns les autres pour tuer « l'homme en trop ». Dans *Psychologie des masses et analyse du moi*, il est question, pour Freud, de penser un chef aimant tous les membres d'un amour égal. Ce chef façonne le groupe au moyen de l'hypnose, phénomène psychique qui permet que le chef soit situé, pour chacun, à la place de son idéal du moi. C'est ce lien d'amour qui portera les possibilités de l'identification entre les membres du groupe. Concernant le lien social, la libido sera tout autant nécessaire que la violence pour créer la communauté. En ne prenant en compte que le versant de la violence et de la destruction, on arriverait à la représentation d'une communauté où le fonctionnement serait uniquement sacrificiel, où il s'agirait de trouver les moyens de gérer cette violence, ses équilibres et ses embarras. Cette forme d'administration de la vie humaine ne pourrait pas prendre en compte la présence de l'autre en tant qu'autre. Cet autre n'y serait désiré à aucun moment.

Les premières théories freudiennes relatives à la sexualité infantile[46] montrent assez tôt l'importance pour Freud de comprendre que l'activité du savoir, développée par l'enfant, se trouvée liée au plaisir et à l'angoisse. Elle est liée au plaisir, car l'enfant est un « pervers polymorphe » qui recherche l'assouvissement de ses désirs dans son corps et dans la chaleur du corps de sa mère. L'angoisse occupe une place aussi déterminante, car l'interrogation sur son origine porte le signe de son éventuelle disparition. Cette recherche a pour but de légitimer son existence en tant qu'être et non en tant qu'objet, fruit du hasard. En 1907, Freud observe le fait que l'angoisse exprime la crainte du non-désir. Elle signifie que, pour l'enfant, l'essentiel est la certitude d'avoir été désiré. Les premières théories de la vie sexuelle sont donc des explications où séjournent le plaisir et l'amour. Ce besoin d'amour étant, certes, l'épanouissement vers la vie et le désir. Ce versant du plaisir et de l'amour, qui jalonne la vie psychique, est mis en cause une fois que le problème de la civilisation humaine a pris le relais. La puissance de l'amour ne suffit pas à créer la civilisation, aucune société ne pourrait être fondée par des couples « rassasiant en eux-mêmes » leur libido. En outre, il est impossible que les êtres humains reconnaissent pleinement leur altérité. Pour ce faire, il faudrait assurer les liens à autrui dans des rapports d'amour ou d'alliance en dehors de l'existence de l'envie, de la possession, de l'absorption de l'autre. Il faudrait que cette dimension de l'amour ne contrevienne pas à la démarche civilisatrice. On arrive au constat que la

---

[46] Voir *Trois essais sur la théorie sexuelle*, Paris, Gallimard, 1987. Et très particulièrement, « Les explications sexuelles données aux enfants », in *La vie sexuelle,* Paris, P.U.F., 1999.

présence de l'amour est, à son extrémité, aussi dangereuse que la violence.

Une société où l'amour prédominerait n'est pas viable. Comme le montre Freud, l'amour comme seule puissance désigne la fusion amoureuse des êtres, l'indistinction, l'indifférenciation, l'excès érotique, la perte de repères dont la société a pourtant besoin pour voir advenir sa continuité dans le temps. Dans le cas contraire, elle est inéluctablement amenée vers la mort sociale. Mais, situation paradoxale, le rapport social est avant tout l'établissement de liens pacifiques entre les hommes. Il faut constater que ce même rapport est empreint d'une violence qui ne demande qu'à s'exprimer. Penser la construction d'autrui nous submerge dans cet embarras tragique qui consiste à admettre que dire l'amour ne peut se faire sans violence. Penser l'amour, dire l'amour, a toujours un fond agonistique, comme Freud le remarque au moment de penser l'intrication générée par l'existence des pulsions de vie et de mort. L'expérience anthropologique souligne bien l'existence de ces deux éléments dans le complexe système contraignant du don. Le don manifeste le pouvoir de celui qui donne sur celui qui reçoit. L'action oblige à rendre ou à être détruit. Marcel Mauss observe bien que dans tout geste d'offrir et de donner, existe le souhait d'écraser, « d'aplatir son rival[47] ». L'acte de l'échange peut devenir, de la sorte, un acte de guerre : « Il signifie que les rapports sociaux ne sont pas stabilisés, qu'ils peuvent toujours être remis en question, qu'on ne peut assigner durablement personne au poste de dominant ou de dominé[48] ». Sur ce point, E.

---

[47] M. Mauss, *Sociologie et anthropologie*, Paris, P.U.F., 2013, p.202.

[48] E. Enriquez, *De la horde à l'État. Essai de psychanalyse du lien social*, op. cit., p.259.

Enriquez pense qu'il ne suffit pas de lutter contre l'indifférenciation par la violence, par l'amour (les deux voies du père), car il faut aussi envisager un monde où les différences reconnues et l'altérité que chacun représente ne se trouvent pas sujettes à des remises en cause permanentes.

Pour la psychanalyse, la question politique est donc traversée par l'analyse des lois du différé qui sont apportées au moi par la présence de l'autre. Autrui réveille en nous l'amour, la haine, l'excès, l'angoisse, l'effondrement, l'épanouissement ; des sentiments qui, tous, se trouvent à l'origine de la crainte de la déliaison du lien social. Il y a , dans la psychanalyse, certes plus qu'une théorie des pulsions pour penser le lien social, car elle approfondit ce domaine en prenant en compte les processus identificatoires, les flux libidinaux bâtis entre le moi et les autres. Le refus d'une simple mécanique pulsionnelle, pour comprendre le registre du politique, se traduit dans l'effort que porte la psychanalyse dans le but de lier cette dimension pulsionnelle aux phénomènes proprement libidinaux, tels que la haine, l'amour, la détresse, l'excès dans tous ses états : tout ce qui nous amène à désirer, à aimer, à éviter l'effondrement dans des états de détresse originaire.

Cependant, l'existence de l'envie, la possession, l'absorption de l'autre dans le croisement de l'amour et la violence et la question de l'altérité nous plonge dans un domaine multiforme et complexe, à travers une série de questionnements qui peuvent être répartis dans quatre dimensions de la vie sociale. La première d'entre elles est la dimension économique, où l'altérité interroge le travail accompli et avec qui il est accompli. La deuxième dimension est l'essence ontologique : elle invite à examiner le fait de dire que si j'existe, c'est par l'autre, et c'est par ce même autre que je peux être détruit (quel rapport établir alors avec lui ?). La troisième dimension est la politique, qui concerne la demeure collective, la manière de vivre avec l'autre, les normes qu'il faut envisager, les droits et les obligations qui soumettent la vie collective à la logique de la pluralité, en bref, la communauté comme l'espace de la réciprocité des êtres différents. La quatrième dimension est l'alliance et ses lois qui nous enferment dans l'univers fictionnel du sexe, qui détermine avec qui il faut se marier et avec qui avoir des rapports sexuels. Ces dimensions sont le reflet du travail pluriel du politique. Elles constituent un système de classification qui cherche à lier les êtres qui donnent forme à un système de séparation et finalement de domination au sein de la vie sociale. Ces dimensions assimilent le versant fictionnel du politique, dans la mesure où elles dirigent une manière de façonner la dérive de l'homme dans l'histoire.

Ces dimensions de la vie sociale qui opèrent dans l'espace bâti par le moi et par l'autre sont soumises aux critères de l'histoire en tant que leur légitimation n'est pas un fait de l'évolution. Elles montrent leur caractère consensuel, quoique toujours soumis à la possibilité de l'effondrement. Le politique prend alors naissance dans l'espace « qui est entre les hommes », comme le souligne Hannah Arendt[49], dans quelque chose qui serait extérieur à l'homme, compte tenu de l'impossibilité de définir cet homme à partir de l'état de son individualité absolue. Arendt prend ici l'expression « entre les hommes » pour soulever la priorité que revêt l'altérité dans ce que nous avons nommé les lois du différé de l'ipséité originaire.

---

[49] H. Arendt, *Qu'est-ce que la politique ?,* Paris, Editions du Seuil, 1995, p. 42.

Ce versant de l'altérité, qui n'est pas une intersubjectivité tout à fait figurable dans l'amour -par la manière dont Freud analyse les rapports entre la vie (l'amour, le désir) et la mort (la violence, la destruction) -, décèle jusqu'à quel point les sociétés humaines développent un jeu ouvert au niveau sociétal qui connaît la lutte, les révolutions et les transformations de systèmes de pouvoirs.

Il y a néanmoins une cinquième dimension de classification, qui occupe une place déterminante dans la pensée politique de Freud : la religion, le grand « système d'administration du sacré[50] ». La critique que Freud fait de la religion doit être élargie à un champ plus vaste d'analyse. Faire de la religion l'agent exclusif des illusions des collectivités humaines manquerait de rigueur. Il faudrait plutôt parler du religieux avec une expression qui donnerait un accès plausible aux phénomènes politiques, ce que discerne Freud dans son analyse des systèmes totalitaires et dans ses lectures des démocraties dites libérales. Le religieux, système d'administration du sacré, est aussi la mise en scène de la classification que le sacré achève pour l'ordre social.

> Le sacré permet donc de se situer dans un monde régi et défini par des pères (des ancêtres, des dieux), dans un monde toujours susceptible d'exprimer leur colère et leur ressentiment, mais toujours garanti par leurs présences[51].

---

[50] R. Caillois, *L'homme et le sacré*, Paris, Collection Folio-essais, Gallimard, 1988.

[51] E. Enriquez, *De La horde à l'Etat, psychanalyse du lien social*, op. cit., p. 267.

Ces pères qui nous rassurent et qui nous font oublier notre état de détresse originaire peuvent être des idées politiques relativement incarnées dans une vision de l'État, de la nation, du peuple et du destin de la collectivité. Pourquoi donc cet imbroglio collectif de la croyance et de l'illusion ? La réponse émerge du processus de classification qui considère la dimension du religieux. La croyance établit un double monde afin d'assurer que le monde phénoménique ne se trouve pas livré aux caprices du hasard et qu'il ne sera pas ébranlé par les luttes que les hommes mènent dans le but d'imposer des réglementations et des valeurs chères à leurs fins. La croyance, en ce sens, ordonne et protège du chaos primordial.

> Narcissisme individuel et de groupe comme lien social durable, exigent la croyance en une sphère du sacré. Si l'homme est une machine à faire des dieux, c'est parce que les dieux sont des machines convertissant l'homme en un être social et un être sexué, n'ayant pas à s'interroger à tout moment sur les limites des règles du social ni sur celle de la sexualité[52].

Néanmoins, il y a encore d'autres systèmes de classification qui maintiennent des rapports permanents avec les cinq systèmes définis précédemment, et qui travaillent dans le sens de l'agencement des collectifs humains. Toujours le même effort : classifier, séparer, opposer, diviser pour finalement *dominer*. Ainsi se bâtit la série d'oppositions entre le normal et le fou, entre le citoyen et l'esclave, entre le dominant et le dominé.

---

[52] Ibid., p. 268.

Ces systèmes de classification mettent en lumière leur côté fictionnel afin de penser l'histoire et la civilisation, et soulignent la forte tension générée entre la singularité apportée par l'individu et la force des réglementations sociales. Cependant, ces systèmes de classification engendrent les institutions humaines. Pris à partir de l'histoire de la civilisation, ces systèmes ne sont pas des manières d'établir des différentiations de la vie sociale, naturelle et religieuse, mais ils définissent la position du dissymétrique au sein de la société. Ce versant de la dissymétrie détermine les dispositions servant à distinguer qui a droit à la parole, qui peut définir la loi, comme ceux qui devront se soumettre au gouvernement des autres. Comprendre l'ordre social comme un système de classifications ayant pour propos la séparation et la domination, ne doit pas empêcher l'existence du « narcissisme des petites différences », comme Freud l'avait déjà remarqué. Ce genre de narcissisme collectif maintient l'écart minimal pour que l'ordre de la classification ramené au même ne recrée pas le chaos que la société tente toujours d'éviter.

On a pu observer le fait que la fonction de la méconnaissance garde une importance significative pour l'entendement des phénomènes collectifs. Les lois du différé de l'ipséité originaire nous ont montré l'importance de l'altérité pour comprendre le phénomène de la reconnaissance, la place assignée par la psychanalyse à cet autre comme figure de destruction ou de construction de l'ordre social. Les systèmes de classification analysés ont soulevé des actions de séparation et de domination qui opèrent à l'intérieur des dynamismes de la vie collective. Dans les rapports de moi à autrui, agissent de véritables métamorphoses de réduction du monde social. La réduction ne concerne que les règles qui cherchent à être mises en place pour les normes qui contraignent les comportements, en exprimant l'ordre des différences et en signalant les impossibles. Le corps est, sans doute, la « boîte de résonance » dans laquelle ces restrictions peuvent être observées. Sur ce corps s'incarnent les fictions que toute société élabore pour définir une vision de l'homme. L'action de cet exercice, sacrificielle sans doute, est également une opération de classification, d'organisation et de modelage.

C'est par l'intermédiaire du corps, comme matière de base, que la sexualité s'érige en tant que discours, un discours se rapportant au sexe. Cette action langagière n'est pas organisée par la sexualité elle-même, étant donné que celle-ci exprime la métamorphose que le social introduit dans les discours portant sur la vie sexuelle. En tant que catégorie d'analyse fictionnelle, le corps émerge comme une réalité dont la seule consistance est donnée par les métamorphoses que le social introduit dans son fonctionnement. Ce sont ces sens sociaux qui donnent au corps l'appropriation des valorisations et qui, idéologiquement, sont promus par la culture. Cette série de procédures d'ordre strictement fictionnel permet la mise en place d'un récit extrinsèque au sujet, lequel est assimilé ultérieurement dans son intériorité par les appareils de pouvoir servant à l'idéologie qui tente d'être promue. Le résultat de cette équation offre ainsi l'artifice nécessaire à la formation du moi social.

L'effet de cette « fabrication sociale » de la méconnaissance est immédiat. Il montre le peu de sexe qui habite la sexualité. Les fictions sont ainsi des « agencements [53] » culturels, des significations qui

---

[53] L'expression est prise au sens de la racine latine *agentia, agens, entis*, celui qui fait ou produit.

ordonnent la réalité dans un contexte matériel, affectif et idéal. Les fictions peuvent façonner le corps comme la peinture ordonne une réalité selon l'utilisation de groupes de figures et d'accessoires qui sont le résultat d'associations, de compositions et de combinaisons particulières. Dans son aspect sacrificiel, la fiction est productrice de l'humain en tant qu'institution et souligne son statut véritablement politique. Des fictions qui, bien loin d'établir une mimesis du sensible, agissent en tant que formes de sélection et de composition des sens possibles. La composition de ces sens est toujours politique, car, à travers elle, transitent les diverses formes de la reproduction sociale[54].

Ce moment clé de la fonction de méconnaissance est le moyen qui permet l'inclusion de la collectivité dans la fiction du *nous*, susceptible d'être envisagée à condition de penser l'impossibilité du moi à s'ériger à partir d'une l'ipséité originaire. L'émergence du sacrifice a été un facteur d'historicité de l'homme, car ce n'est que dans le sacrifice, le refoulement et les efforts de l'expulsion de certaines de ses tendances que l'être humain peut produire des outils culturels lui permettant de poursuivre l'institution de la réalité sociale. C'est-à-dire que lors de cette fonction de la méconnaissance, il n'est pas requis que la condition de socialisation de toute position « absolue » du moi devienne Autre, puisqu'il faut que cet Autre

---

[54] « Il faut beaucoup de naïveté ou de mauvaise foi pour penser que les hommes choisissent leurs croyances indépendamment de leur condition. Loin que les systèmes politiques déterminent la forme d'existence sociale, ce sont les formes d'existence qui donnent un sens aux idéologies qui les expriment : ces signes ne constituent un langage qu'en présence des objets auxquelles ils se rapportent », C. Lévi-Strauss, *Tristes tropiques*, p. 169, Terre Humaine Poche, Paris, Plon, 2005.

incarne la figure d'un sacrifie majeur pour l'ensemble de l'ordre social.

I.7. - Freud et la fonction de la fiction dans le meurtre et le sacrifice

Proposé en 1912[55], le mythe de la horde primitive et de l'assassinat du père primordial devrait être compris comme un effort de Freud pour discerner certains aspects transhistoriques afin d'expliquer l'origine de la culture.

Le meurtre réalisé par la horde primitive du père tout-puissant exprime, en grande partie, l'idée d'un sacrifice originaire, l'action que toute culture renouvelle selon des rites et des normes bien précis. En allant au-delà de la figure freudienne du père primordial, on observe que toute culture requiert, pour se constituer, l'action du sacrificiel. Une situation qui, dans le cas du freudisme, serait énonciatrice d'une mort conjuguant le désir sexuel à l'ordre de la loi et de l'interdit. L'action de ce meurtre se présente comme un événement majeur qui prescrit les conditions effectives du récit historique. En tant qu'action instituant des récits éthiques, moraux, politiques et religieux, elle rend possible le fait que l'évolution humaine devienne évènement historique. Toutefois, pour la psychanalyse, derrière ce meurtre primordial, rien n'existe dans l'exercice symbolique. La figure du père et son assassinat sont unis dans un même impossible, et dans la terminologie de la métapsychologie freudienne, cette figure reçoit le nom d'*Urverdrängung*.

---

[55] S. Freud, « Totem et tabou », *Œuvres complètes,* Vol. XI (1911-1913), Paris, P.U.F., 2009.

Il s'agit d'un agir sacrificiel de l'origine, convertie de la sorte dans l'élément constitutif de tout exercice éventuel de la narration historique (de l'histoire morale, éthique et politique). Acte qui est converti en trace symptomatique à cause du refoulement, offrant à Freud la voie pour distinguer les liens entre la vérité conjecturale et la vérité matérielle. Force est de constater que les significations suivantes, issues et organisées de et par l'assassinat, dépendent davantage des attributions de sens de cette origine que de l'existence stricte de l'événement meurtrier. L'activité du symbolique, en tant que traduction du pouvoir de création de la culture, permet la représentation, en captant ses objets dans un réseau de significations qui les métabolise en construction sociohistorique. L'origine de l'acte glorifie et sanctionne les significations suivantes afin de permettre l'institutionnalisation de la fiction sociale, laquelle est déjà une forme de modélisation de l'action. Le résultat de l'institutionnalisation de cette fiction serait alors que derrière l'image du père, rien ne pourrait avoir un sens humain. Se joint à cette action des origines (*Urszene*), l'image d'une répression première (*Urverdrängung*). L'homme est devenu conscient de sa propre évolution pour en faire une construction historique. Ce changement est dû à la présence de la pensée dans les différentes étapes de l'hominisation. Il faudrait ajouter à ce sujet que, s'il y a l'histoire, c'est en raison de l'ajout d'un sacrifice primaire, ce qui conduit à Freud dans l'achèvement de *Totem et tabou*, à préciser ce qui est déjà connu *; au commencement fut l'action.*

Or, comme le mentionne Freud, l'*Urverdrängung* précise le lien de la pulsion comme un premier représentant dont la valence de représentation est inconnue pour le moi et, de ce fait, ne peut être être retenue à sa charge[56]. Cette lacune, structurelle pour la constitution de l'appareil psychique, rend compte des chaînes de représentation secondaires qui symbolisent le temps d'une répression perdue (*Vorstellungsrepräsentanz*). La capacité symbolique et de métaphorisation dépend de cet acte manquant qui prévoit, selon Freud, l'avènement des temps restants du refoulement[57]. Le refoulement prendrait un caractère instituant, devenant une véritable institution pour l'organisation de l'humain.

C'est dans le sacrifice de la vie pulsionnelle que Freud croit voir la possibilité de représentation du langage et l'institution de la culture. En 1930, conjointement au travail de compréhension des exigences pulsionnelles en rapport avec les restrictions culturelles, il revient sur les particularités de l'homme d'antan[58]. L'appel à ce recours se fait en raison de l'acceptation d'un refoulement de nature organique, situé chronologiquement avant le reste des refoulements compris par la psychanalyse. Ce genre de refoulement est le résultat du processus d'hominisation qui, entre autres conséquences, aurait entraîné la position bipède chez l'homme et des changements importants dans la fonction des sens. Ces changements seraient décisifs pour l'état de misère psychologique de l'homme, compte tenu de ses tendances primitives. Le malaise que Freud définit en 1930 est dépendant des conditions psychiques

---

[56] S. Freud, « Die Verdrangung », « Le refoulement », in *Métapsychologie*, Paris, Gallimard, 1986.

[57] Une version plus complète de ces trois périodes du refoulement peut être trouvée dans le cas du président Schreber travaillé par Freud en 1915.

[58] S. Freud, « Das Unbehagen in der Kultur », 1930, Wein internationaler psychoanalytischer Verlag. « Malaise dans la civilisation », *Œuvres complètes*, volume XVIII, 1926-1930, Paris, P.U.F. 1994.

liées à la culture. La vie organique a également une incidence indubitable sur ces conditions d'existence collective. Parler de vie pulsionnelle revient donc à considérer le caractère vital non réductible au seul domaine des représentations psychiques.

Au moment d'illustrer cet état de dénaturation organique, la démonstration s'énonce selon la découverte de la pulsion sexuelle. Ce genre de pulsion est évidemment une réalité essentielle pour soulever les déficiences de cet état organico- constitutionnel. Progressivement, dans le texte de 1930, cet état de dénaturation conduit à l'éclaircissement d'un nombre important d'acquisitions du monde culturel, pensé en partie comme le résultat des pertes et des sacrifices chers au processus de l'hominisation. Pour Freud, l'hominisation ne peut être considérée comme un produit distinct de l'évolution, tant il est vrai que les sacrifices imposés par l'évolution du temps organique montrent que l'homme n'est pas un simple spectateur, mais un être poussé à être conscient de ce progrès. Il s'agit d'une situation de la pensée qui suppose pour Freud le refoulement de certaines tendances considérées comme hostiles aux fins de préservation de la culture. C'est la raison pour laquelle ces tendances sont refoulées, sacrifiées, et acquièrent une adresse différente de celle de leur mission originaire. À cet égard, M. Godelier souligne que la reproduction de la vie collective a été confrontée à la nécessité de gérer la sexualité humaine selon deux plans[59]. Le premier concerne celui qui juge la présence du

---

[59] M. Godelier, « Meurtre du père ou sacrifice de la sexualité ? Conjectures sur les fondements du lien social », in *Meurtre du père, Sacrifice de la sexualité, approches anthropologiques et psychanalytiques*, éditorial Arcanes, Paris, 1996.

désir dans la sexualité (sexualité-désir), le deuxième s'attache au plan reproductif associé à la sexualité (sexualité-reproduction). Entre les deux dimensions se situent des éléments politiques, éthiques et moraux d'une large portée pour penser le statut de l'*homo loquax*.

L'exercice effréné de la sexualité comme sexualité-désir entraîne de sérieuses perturbations du lien social et compromet la reproduction de ces relations sociales. Ce type de sexualité ne détient, à son origine, aucune orientation déterminant le statut de ses objets. Celle-ci peut prendre comme objets mères, pères, frères et sœurs. La sexualité-désir implique, qu'en elle-même, il n'existe pas de sens social. La sexualité-désir prend le sens qui lui est attribué : pour témoigner du désordre du monde ou pour les besoins d'institution de son ordre. Cette situation permet de déceler qu'à l'intérieur de toute culture, on trouve des actions de transformation symbolique et imaginaire en vue de réorienter ce type de sexualité qui, en soi, est dépourvu de signification sociale possible[60]. Toutefois, elle a la propriété d'être source de signification pour les groupes sociaux et peut ainsi être utilisée dans les actions de subordination que la culture impose par le moyen des phénomènes de passage. L'anthropologie sociale a indiqué la pertinence de ces figures de passage qui, placées au cours de moments déterminants dans la

---

[60] Godelier signale : « Finalement, l'observation des Baruya ouvre la voie à deux conclusions de portée encore plus générale. Le social ne peut s'établir que sur la base du sacrifice de quelque chose qui est intérieurement, profondément, contenu dans la sexualité humaine, et qui est son caractère fondamentalement « asocial ». L'humanité doit faire du social avec du sexuel. En ce sens, on pourrait dire, avec Lacan, qu'il y a peu de sexe dans un acte sexuel », M. Godelier, « La sexualité humaine est fondamentalement a-sociale », in *Au fondement des sociétés humaines,* Paris, Albin Michel, 2007, p. 172.

socialisation des individus, expriment la tension existante entre les aspects de la vie collective et ceux de la vie individuelle. La sexualité-désir peut non seulement être considérée comme un matériel de reproduction des sens possibles, mais elle peut également conduire à l'établissement de sens contraires à l'ordre établi. Ce dernier élément détermine et définit les formes de la société pour tirer une jouissance liée au sexe. La vie sociale travaille selon les possibilités que la sexualité lui accorde, signale Godelier, produisant des formes de jouissance sexuelle repérables dans le corps même, dans le corps de l'autre, ou offrant le corps propre comme matériau de jouissance[61]. Le corps devient ainsi une boîte de résonance pour le social, corps ventriloque, sans aucun sens qui lui soit propre.

En ce qui concerne les fonctions de contrôle qui s'exercent dans la sexualité-reproduction, elles ne travaillent pas à partir de mesures de subordination sociale comme c'est le cas pour la sexualité-désir. Cela n'empêche pas que ce genre de sexualité se trouve sous le contrôle de la « reproduction de rapports et de groupes sociaux, qui ne peuvent continuer d'exister que si des individus nouveaux viennent prendre la place de leurs ascendants au sein de rapports sociaux et contribuent ainsi à reproduire ces rapports et le groupe qui les incarne[62] ».

---

[61] « Le sexe ça fait jouir. Avec son sexe, on peut jouir de soi, on peut jouir des autres et faire jouir les autres. C'est là une donnée et une force, et c'est cette force qui est au service de la société ou qui est tournée contre elle », M. Godelier, « La sexualité humaine est fondamentalement a-sociale », op. cit., p. 173.

[62] M. Godelier, *Au fondement des sociétés humaines,* Albin Michel, Paris, 2007, p. 43.

Le sacrifice implique que quelque chose doive être séparé, opposé et antagonique à l'ordre social. Sacrifier quelque chose de soi, c'est agir sur soi-même sans pour autant maintenir ce qui a été nié. Ces actions sacrificielles préservent le sens total que la culture vise à transmettre de manière dynamique. Le sacrifice devient ici loi et représentation de la poussée de l'altérité anonyme de l'autre. Pour cet Autre de la culture, il n'y a pas de transmission sociale qui puisse être mise en place sans la présence du matériel inconscient qui le soutient.

Lors de la conférence de 1962, il faut constater que Lévi-Strauss n'échappe pas à cette forme de réflexion sur la constitution des liens sociaux, car une certaine idée du sacrifice est présente dans sa conférence. En ce qui concerne les relations des opposés : nature/culture, animal/humain, affectivité/rationalité, l'idée de sacrifice et celle de refoulement deviennent fondamentales. Lorsqu'il rend explicite l'idée d'un passage à un système de représentation conscient pour ces trois oppositions, Lévi-Strauss formule une idée d'organisation mentale dirigée par les systèmes de représentation déjà abordés par Freud. Pour la catégorie de pitié, que Lévi-Strauss analyse et qui concentre l'essentiel de ces trois paires d'opposés, tout le mouvement expansif de la sensibilité adressée à autrui est rendu impossible sans une idée de passage.

I.8. - La structure de la fiction dans la vérité historique et dans les fondements culturels du politique

Douze ans après la publication de *Totem et Tabou*, en 1925, Freud reprend certaines idées concernant l'assassinat du chef de la horde primordiale, soulignant les portées psychiques de cet événement dans la prise en compte des origines des formations culturelles. Il s'agit d'une affaire développée dans le dernier des essais de *Totem et tabou*, écrit en 1913, et qui entraîne Freud dans la défense de l'élaboration des origines de la civilisation comme fragment de théorie relative à l'histoire primitive de la famille humaine. C'est ainsi qu'un an avant 1925, dans une lettre adressée à K. Abraham, Freud exprime les points fondamentaux de cette théorie :

> On en arrive alors au point où commencent pour moi les difficultés. Au retour fantasmatique dans le sein maternel s'opposent des obstacles qui suscitent de l'angoisse ; la barrière de l'inceste, d'où vient donc celle-là ? Son représentant est manifestement le père, la réalité, l'autorité, qui ne permettent pas l'inceste. Pourquoi ceux-ci ont-ils dressé la barrière de l'inceste ? Mon explication était d'ordre sociohistorique, phylogénétique. Je faisais dériver la barrière de l'inceste de l'histoire originaire de la famille humaine, et voyais donc dans le père actuel l'obstacle effectif qui dresse la barrière de l'inceste également dans l'individu nouveau[63].

La position du père actuel comme obstacle réel face aux tendances incestueuses possède une préhistoire : une histoire interprétative et construite à partir d'éléments sociohistoriques et spéculatifs. Des spéculations sociohistoriques qui réunissent des critères métapsychologiques et une dérive mythique que la psychanalyse construit sur le père. Dans le cadre de cette exposition sociohistorique, l'émergence de ce type de père, qui constitue un obstacle réel pour le désir, est déjà l'antichambre de sa figure à l'intérieur de la théorie du lien

---

[63] S. Freud & K. Abraham, *Correspondance complète*, Lettre du 15 février 1924, Paris, Gallimard, 2006.

objectal œdipien. Sa position de barrière, d'empêchement face aux tendances de type incestueuses génère une portée plus vaste à l'intérieur des postulats freudiens concernant l'œdipe. L'une de ces portées est la façon dont advient le processus de subjectivation psychique une fois que ce processus est mis en relation avec la vie pulsionnelle et les réclamations culturelles. En ce qui concerne cette relation, Freud situe au premier plan de l'analyse la présence de ce père réel avec le travail psychiquement accompli par l'identification, dans un domaine qui dépasse largement la logique œdipienne. Entre les hypothèses relatives au père et à l'identification, Freud développe une élaboration particulière concernant la fonction-sujet, qu'il considère comme un temps précédent et paradoxal pour l'agir du père comme fonction d'interdiction. En 1921, dans *Psychologie des masses et analyse du moi,* on observe la place antérieure attribuée au père comme le motif des opérations préalables du moi à l'œdipe.

Il s'agit du père en tant que figure « première » et « idéale » de l'identification, expression première du lien affectif adressé au semblable. Le père est considéré comme un modèle et un sujet pour le moi [64]. Par conséquent, l'identification vise à façonner le « je » propre, à l'instar de l'autre pris comme modèle. La temporalité paradoxale de ce type d'identification préalable à l'œdipe transite dans une continuité thématique avec les mythes du père construits par la psychanalyse, tout en étant l'expression originaire du lien affectif adressé à une autre personne. Sa portée est également observée à propos des inclinaisons pulsionnelles ; l'identification

---

[64] S. Freud, « L'identification », in *Psychologie des masses et analyse du moi, Œuvres complètes*, Vol. XVI (1921-1923), Paris, P.UF., 1991.

devient l'opérateur conceptuel entre la vie pulsionnelle et la culture.

Dans cette temporalité paradoxale du père, se trouve l'articulation ultérieure que la logique de l'œdipe habilite pour les intrications entre les tendances pulsionnelles et les prescriptions d'ordre culturel. C'est à cause du phénomène d'identification que le meurtre du père peut montrer que les tendances pulsionnelles les plus archaïques peuvent devenir des éléments d'historicité dans l'ordre social qui inaugure la présence du semblable. La forme que revêt l'identification pour faire de la vie pulsionnelle histoire, l'on observe dans les portées de l'assassinat du père qui dorénavant situe la sexualité comme un élément qui se conjugue en tenant compte des rythmes culturels des idéaux, des prescriptions et des interdictions. Ces trois figures font partie du noyau culturel de l'histoire qui permet la transmission entre les générations, sans négliger leur place déterminante pour l'organisation dynamique de l'espace social. Toutefois, pour qu'il y ait une sexualité qui puisse être ordonnée, tout en tenant compte des intérêts de la culture, il est nécessaire d'appréhender ce que la scène du meurtre fait sur d'autres plans d'analyse (surtout avec le sexe). La portée des prescriptions et des interdictions qui gravitent autour du sexe est que celui-ci doit obéir à un système d'ordre qui détermine des types de comportements admis en ce qui concerne sa satisfaction. La problématique de l'inceste mobilise ainsi une fonction fortement prescriptive qui force à l'échange.

Pour Freud, les interdictions qui incombent au sexe se font en raison des conditions d'existence en hordes, ces postulats accentuant, comme cela a déjà été souligné, un ordre social considéré dans la perspective des interdictions plus que des prescriptions. L'une des portées principales du meurtre du père de la horde primitive progresse dans cette direction, apportant la preuve que le sexe nécessite des actions sacrificielles pour son fonctionnement. La psychanalyse peut ainsi énoncer que l'ordre historico-social constitue également un ordre sexuel et sacrificiel. Si les actions sacrificielles mises en place par la culture scindent le sexe en sexualité (avec la création des différences de genre et les liens de parenté), ce sont ces mêmes actions qui créent l'historicité de la fonction pulsionnelle au sein des récits donnés afin de comprendre la demeure collective. C'est ainsi que le versant de l'ambivalence des sentiments, ouverte à l'identification au père assassiné, peut s'écrire en tant qu'événement historique et évolutif ; un acte qui fait de l'amour et de la haine les noms de l'éthique et de la morale. La vie pulsionnelle écrit son histoire par le moyen d'une voie négative, sacrificielle, définissant les distances entre la vérité matérielle et la vérité historico-conjecturale. Ceci montre comment Freud définit la progression dans le temps et dans l'histoire des représentations qui construisent de manière dynamique le psychisme des collectivités. C'est l'aspect psychique des hypothèses découlant de la scène du meurtre qui opère une distance de la spéculation historico-évolutive de Freud avec des préoccupations de nature sociologique ou anthropologique. Les thèses relatives à ces progrès sont établies à partir des conclusions de la psychopathologie et, en conséquence, elles obéissent au cours recteur de la métapsychologie des processus inconscients.

À partir de cette dimension sacrificielle instaurée par le refoulement, on retrouve les transits historiques des collectivités, et c'est en elle que s'engendrent, dans une large mesure, les liens entre la vérité conjecturale et les créations fictionnelles de l'illusion et de l'avenir. Entre l'identification et le sacrifice de la sexualité, qui est opéré par le refoulement, s'ordonnent les pièces d'un mouvement métapsychologique qui peut par conséquent expliquer les phénomènes de latence, de la mémoire, de la remémoration et de l'oubli.

En 1913, c'est ce même fond métapsychologique qui devient essentiel dans la prise en compte des élaborations anthropologiques du début du vingtième siècle. Les thèses freudiennes de *Totem et Tabou* le soulignent largement, au moment d'assimiler la recherche des origines de la descendance totémique, les motifs de l'exogamie et le tabou de l'inceste avec les besoins psychiques qui y sont exposés.

Freud tend ainsi à visualiser, dans la pensée sauvage, le témoignage historique de la complexe réalité que les dimensions de l'éthique, de la morale, de la sexualité et de la religion supposent pour accueillir une explication sur les origines de la civilisation. L'explication des aspects originaires de toutes ces formations culturelles implique d'établir la raison historique des formes complexes d'organisation sociale exposées par les sociétés modernes.

Animé par un souhait de scientificité, mais aussi de modernité, Freud construit la figure fictionnelle de ce meurtre, initialement vu comme une scène réelle, fragment d'une vérité historique intelligible à travers une déduction historico-conjecturale. Une histoire qui montre, à tout moment, l'action de processus réfractaires à sa remémoration. En 1925, le cadre de cette figuration est qualifié d'hypothèse, de vision, de conjecture, sans pouvoir en principe déterminer le domaine strict dans lequel cet événement est considéré[65]. Cet aspect réfractaire de l'évocation du meurtre n'est pas la conséquence de la

---

[65] S. Freud, « Autoprésentation », in *Œuvres complètes*, Vol. XVII (1923-1925), Paris, P.UF., 1992, p. 116.

carence fictionnelle (*fiction*) avec laquelle le modèle travaille dans son effort de faire représenter les origines, il est nécessaire de comprendre que l'assassinat du père est conçu comme l'un des noms du refoulement, en s'arrangeant en conséquence avec la portée métapsychologique de cette supposition. La prise en compte de cet aspect fait que la scène de l'origine organise le caractère structurel du refoulement. L'évocation de l'acte et ses implications sur le cheminement de la civilisation renforcent la disparité entre l'ordre du temps comme *χρόνος* et l'en-dehors du temps du *Zeitlos* qui admet une scène narrative toujours négative.

Entre l'évocation de l'acte comme conjecture et la trame narrative de ses effets sur le plan de l'éthique, de la morale et de la mise en place des règles de droit, il est possible de tracer un temps narratif et un espace d'existence qui travaillent en tenant compte des rythmes d'une mémoire qui n'opère que par fragments. La vérité historico-conjecturale est celle qui prend le relais de l'explicitation de ces fragments, considérés à partir d'une empreinte métapsychologique. C'est dans ce contexte que les notions de refoulement et de retour du refoulé s'érigent en notions centrales pour la saisie de l'essentiel de cette trame narrative. Bien entendu, ces hypothèses pertinentes pour le texte de 1913 sont également envisagées par Freud pour invoquer la substance de vérité de la religion dans le texte de Moïse[66].

La scène du meurtre est définie comme le moment initial et fondateur du lien des inclinations pulsionnelles avec le domaine de la représentation que la culture force

---

[66] Voir la deuxième partie du texte, les points E, F, G et H, in S. Freud, « L'homme Moïse et la religion monothéiste », Vol. XX, *Œuvres complètes* (1937-1939), Paris, P.UF., 2010.

de manière constante. C'est ce même champ représentatif, avant tout négatif, que le psychanalyste trouve dans la fonction de la voix, de la détresse psychologique et de l'écoute dans l'expérience clinique. La scène des origines joint d'une manière fictionnelle l'écriture métapsychologique, ses opérations, ses dynamismes, ses stratifications et ses lieux.

Prenant en compte l'état avant tout négatif de l'évocation de cette scène des origines et son impact pour penser le lien social qui en découle, l'écriture organise le versant métapsychologique inscrivant le savoir dans le réel d'un acte qui s'écroule dans la possibilité d'être convoqué. Le survenir de la scène du meurtre, sa réalité d'acte, d'événement, devient le motif antérieur d'un dire qui se noue à la jouissance d'un savoir de l'impossible (l'idée sous-jacente étant que la jouissance n'agit pas comme cause, mais comme fin). C'est ainsi que, pour Freud, s'érigent les rapports entre le réel, la vérité et le savoir. La portée psychique, découlant de la scène, ne s'achève pas dans l'exécution factuelle de l'agir sanglant, sa progression dans la mémoire historique nomme indubitablement la dimension de la *transmission*. C'est la raison pour laquelle les effets de cette scène ne doivent pas être pris en compte sur le plan d'un temps unique, où devraient se placer les phénomènes collectifs de la morale et de l'éthique. Freud montre que ces phénomènes sont réorganisés selon la logique des fragments et des parcelles que distribue la mémoire historique : cette mémoire, avant tout historique, est celle qui écrit le savoir du texte métapsychologique.

Ces rapports entre le réel, la vérité et le savoir tracent une lecture de la question politique chez Freud : le rassemblement des collectivités est pensé comme une organisation qui dérive d'un trou du réel qui n'est le fondement d'aucun lien, mais l'imaginarisation de la défaillance de ce même lien. La politique est l'émergence d'un réel qui fait symptôme du lien social. En bref, il est toujours possible de constater chez Freud que la politique est l'opération de la fiction, dans le domaine du politique devenu cette fois une expérience de l'impossible. Ce point comprend un croisement des concepts et des problématiques de la vision de Marx sur les manières de bâtir le lien social et sur une expérience de la politique.

> La capacité politique prolétaire, dite communiste, est absolument mobile, non étatique, infixable. Elle ne se laisse pas représenter ni dériver à partir de l'ordre qu'elle excède. D'avoir désigné que la politique est irreprésentable, parce qu'elle fait sujet dans l'ordre perceptible un symptôme, fait de Marx un penseur de la politique dégagée du politique, dont il fixe la fiction. Ce n'est pas d'une norme qu'il s'assure, mais d'un « il y a » d'événement, où il croise un réel, dans l'impasse de tout ordre concevable et représenté. La vérité de la politique est dans le point de ce « il y a » et non dans son lien[67] ».

Or, dans l'évocation de cette scène, le domaine de l'un des mythes du père est une pierre angulaire des fondements de la psychanalyse. Le père décédé dans la horde, chez Freud, rejoint le Moïse, dans la forme qu'il revêt pour montrer l'accès à un réel primitif. La transmission du père de la horde, sa dérive signifiante, se noue au genre de transmission que Moïse convoque chez Freud ; cela ne permet pas, en tant que déduction et que fiction, un accès au réel primitif, mais constitue la fiction pouvant fixer ce réel en l'arrêtant à un point d'origine.

---

[67] A. Badiou, *Peut-on penser la politique* ?, Paris, Seuil, 1985, p. 20.

J. Lacan chercha à souligner la trajectoire singulière ouverte par le texte de *Totem et Tabou* pour considérer les fondements mêmes de la psychanalyse. Une grande partie de ses observations sur l'œuvre de 1912-1913 est organisée selon l'objectif qui consiste à comprendre le type de mise en forme scripturale que Freud accorde pour effectuer une lecture relative au père. Le type d'écriture qu'il y aurait chez Freud, à propos du père, est, pour Lacan, l'acte qui constitue une fiction (*fictio-fingere*) dans l'élaboration de ce qui est impossible d'écrire : l'*Urverdräng*. Le meurtre du père se traduit par son action comme l'acte fondant les relations entre le réel et le savoir. Mais si la reprise de cet événement s'effectue par la voie de l'ouverture du mythe, il s'agit d'un endroit impossible à connaître, formant pour Lacan un « trou » dans l'ordre du savoir. Il existe ainsi un *tempo* singulier dans l'organisation psychique de la civilisation puisque, si elle est conçue à partir du mythe, sa description devient épique (*ἐπικός*).

La vérité que le savoir transmet dans l'histoire comme conséquence de la scène de ce meurtre agit en raison de souvenirs, de fragments et de coupons, qui donnent lieu à un savoir ordonné par la fonction du refoulement. Toutefois, d'autres visages de cette vérité et leur portée peuvent être compris à partir de la forclusion des souvenirs ou de la dénégation de ses effets. Ce sont ces mécanismes de défense qui transmettent le meurtre sur le mode d'un savoir intériorisé, qui deviendra un souvenir si le meurtre est refoulé. L'écriture du meurtre chez Freud permet à Lacan de nommer cet assassinat par la voie de l'acte. Dans cet acte se fonde le savoir inconscient de la civilisation qui, en tant qu'excès (de la représentation, de l'histoire, de la politique), fait du lien social un véritable symptôme.

De par la nature de leur portée, la lecture de Lacan se fait à partir d'une double dimension, façonnée par des aspects spatiaux et temporels. Cette lecture propose de se demander comment le signifiant peut nommer spatialement la communauté humaine, ses motifs et ses fondements, pour ainsi introduire une lecture culturelle du politique (même si cet exercice de symbolisation se partage entre l'impossibilité transitive du réel en tant que cause).

À partir de la dérive spatiale qui ouvre l'assassinat en tant que variable fondatrice de la communauté fraternelle, la dérive temporelle ne peut être comprise que de manière postérieure : « il faut du temps pour produire l'empreinte de ce qui dans un premier temps n'a pas été révélé[68] ». Le temps constitue un élément nécessaire pour que le savoir ignoré au commencement se transforme en récit et puisse ainsi être transmissible.

La constante temporelle et spatiale, que l'évocation de cet acte rend figurable pour penser les origines et le fondement du lien social, a été lue par de nombreux anthropologues, que ce soit pour écarter cette scène des motivations propres à la discipline anthropologique dans sa manière d'expliquer les origines, ou pour commenter les aspects positifs de cet effort freudien qui dévoile la figuration du « commencement ». Pour Malinowski, la théorie freudienne a toujours été commentée avec un ton d'admiration, même si un grand nombre des considérations de Freud étaient pleinement ancrées dans les représentations spatiales du monde occidental[69]. Cela revient à la privation d'explorer d'autres formes possibles

---

[68] J. Lacan, *Radiophonie*, in *Scilicet* 2/3, Paris, Seuil, 1985. p. 80.

[69] B. Malinowski, *La paternité dans la psychologie primitive*, Paris, À l'écluse d'aval, 2008.

d'organisation mentale. L'image du père et son rôle répressif pour l'organisation mentale précoce de l'enfant sont contestés par Malinowski, alors que se formulent certaines hypothèses sur les motifs hostiles qui régissent les relations entre Ego et le frère de sa mère (oncle utérin). Alfred Kroeber a adressé de fortes critiques à ces énoncés freudiens, et a souligné les élaborations peu consistantes de Freud sur l'appropriation des références anthropologiques de l'époque[70]. À ce propos, on retrouve également les analyses critiques de Freeman pour penser l'espace de la demeure culturelle[71].

Que ce soit pour la psychanalyse ou pour l'anthropologie, la trajectoire interrogative, en ce qui concerne les fondements de la culture, mobilise régulièrement des supposés spatiaux et temporels. La série d'opposés entre l'humain et le non-humain, entre la nature et la culture, suppose de manière permanente une prise en considération de ces déductions.

Le domaine spatial

Si l'on entend la culture comme une territorialité relativement idéale qui définit l'espace d'habitation d'une communauté humaine, son aspect idéal la rapproche de l'idée d'espace qui définit les identités et les différences. Considérer ses fondements nous renvoie à analyser les conditions idéales des raisons de son existence. Que ce soit dans l'histoire de ses développements comme dans l'actualité de ses constatations, l'anthropologie a consacré

---

[70] A. Kroeber, « Totem and taboo, an ethnological psychoanalysis », *American anthropologist*, Vol. 22, 1920.

[71] D. Freeman, « « Totem et Tabou » : une nouvelle évaluation », en W. Muensterberger (dir.), *L'anthropologie psychanalytique depuis « Totem et Tabou »,* Paris, Payot, 1976, pp. 57-82.

un effort permanent de compréhension autour des dynamiques qui opèrent à l'intérieur de l'espace appelé culturel.

Cette compréhension, qui se réfère aux « fondements de la culture », définit une réalité qui n'explicite pas un contexte relativement stable, dès lors qu'elle est analysée à l'intérieur des idées que la discipline anthropologique a pu produire. On peut alors se demander comment il est possible que la sexualité doive être admise comme l'un des éléments marquants de la connaissance des origines de la culture ? À ce sujet, on peut remarquer le fait que Freud et Lévi-Strauss, ont tenté d'apporter des réponses significatives. Les interdictions, pesant sur les utilisations excessives de la sexualité, ne peuvent émaner de l'action et de l'exercice des entités purement artificielles. Pour Lévi-Strauss, il s'agit de considérer ces prohibitions comme l'expression d'une loi agissant sur un fond naturel et instinctif. La fonction sexuelle serait ainsi l'expression de la nature « se franchissant soi-même ». Il s'agit de comportements naturels nécessitant la présence du semblable pour l'établissement de leur satisfaction. Il est alors cet autrui qui rend possible l'émergence de la reconnaissance comme moyen d'apaiser les tensions et les différends ouverts entre moi-même et un autre.

Pour Freud, la supposition de conduites instinctives, en ce qui concerne la sexualité humaine, délimite des hypothèses différentes, situées à partir d'autres unités d'analyse. La notion de pulsion, de vie pulsionnelle, s'inspire de considérations situées en principe aux antipodes des développements de l'anthropologie de Lévi-Strauss. C'est le caractère de cette sexualité pulsionnelle qui exclut l'acceptation des énoncés anthropologiques faisant peser le contexte ouvert par la culture et l'état de droit, dans l'hypothèse d'une deuxième condition ouverte par le transit de la nature à la culture. Les textes freudiens à propos de la culture se situent dans une prise en compte de tendances qui ne peuvent pas être naturelles et exercent des difficultés dans l'organisation culturelle. Les idées de Lévi-Strauss expriment des développements disparates dès les premières élaborations, au sein des *structures élémentaires de la parenté* [72] jusqu'aux réflexions posthumes concernant les amibes [73]. Dans un premier temps, ces principes découlent de l'apparition de la fonction symbolique chez l'homme, de ses capacités d'expression orale, lesquelles ont permis la suite de l'échange. Plus tard, a émergé une lecture évolutionniste qui a interprété le cours des transformations de la civilisation comme le résultat de phénomènes de nature cérébrale. Néanmoins, cette lecture maintient, pour l'essentiel, sa vision du phénomène de l'échange et son importance pour expliciter l'émergence de la culture. Cependant, Lévi-Strauss oublie que certains objets ne sont pas interchangeables et restent en dehors du circuit de l'échange. Les lectures ultérieures au sein du champ anthropologique ont observé l'aveuglement de Lévi-Strauss envers le rôle de ces objets non aliénables[74].

Le fait qu'il n'y ait pas d'objets interchangeables, aliénables (négociables, cessibles), rend possible le fait que d'autres transitent par le circuit de l'échange. C'est de cette manière que Freud considère la présence de la vie

---

[72] C. Lévi-Strauss, *Les structures élémentaires de la parenté*, Paris, Mouton de Gruyter, 2002.
[73] C. Lévi-Strauss, « Apologue des amibes », in J. L. Jamard (dir.), *En substances*, Paris, Fayard, 2001, pp. 493-496.
[74] M. Godelier a mis en place une réflexion importante sur ce point, insistant sur la pertinence des objets qui ne font pas partie du circuit de l'échange. Cf. M. Godelier, *Métamorphoses, de la parenté*, Paris, Fayard, 2004.

pulsionnelle à l'intérieur de logiques culturelles. Les phénomènes qui font partie de cette vie pulsionnelle ne sont pas absolument aliénables, interchangeables, il y a une partie de ces phénomènes qui constitue un continent négatif du commerce et des échanges, en dehors de l'action transitive que la culture emploie dans le but et la cohérence de ses formations et de ses institutions. L'opacité que la fonction sexuelle de l'homme exerce dans la vie culturelle est clairement délimitée par Freud lorsqu'il parle des malaises et des misères que laisse entendre cette fonction pour considérer la demeure culturelle moderne. À travers ces postulats, le fondement de l'ordre social est toujours un soubassement négatif qui n'est pas intégrable, de manière positive, aux logiques socio-institutionnelles représentant l'ordre culturel.

Pour Freud, l'ordre culturel est façonné selon l'organisation de cet ordre négatif qui donne une idée de l'action des normes sociales qui accomplissent la délimitation culturelle de la sexualité. La sexualité humaine exprime, dans ses fondements, un caractère négatif, non aliénable, qui contribue à l'exercice de la figuration symbolique que les actions normatives déploient à différents niveaux de la vie humaine. L'absence d'ordre antérieur pour la sexualité humaine, son défaut de fondement, avère le fait que l'instauration de ces réglementations ultérieures soit toujours arbitraire et modifiable. Pour Freud, il s'agit de la violence qui exerce la condition pulsionnelle face aux motifs de la préservation de la culture. Pour la psychanalyse, c'est là que se situent les impossibilités de la demeure culturelle et spatiale ; le problème étant celui des normes. Cette dernière idée sera travaillée en 1927, au moment même de définir le concept de culture.

> La culture humaine - j'entends par là tout ce en quoi la vie humaine s'est élevée au-dessus de ses conditions animales et ce en quoi elle se différencie de la vie de bêtes, et je daigne séparer culture et civilisation - présente, comme on sait, deux faces à l'observateur. Elle englobe d'une part tout le savoir et tout le savoir-faire que les hommes ont acquis afin de dominer les forces de la nature et de gagner sur elle des biens pour la satisfaction des besoins humains, et d'autre part tous les dispositifs qui sont nécessaires pour régler les relations des hommes entre eux et en particulier la répartition des biens accessibles[75].

Le dilemme qu'ouvre la culture humaine n'est précisément pas celui qui génère la maîtrise de la nature et l'extraction de ses biens, car les grands problèmes sont ceux qui sont organisés sur le plan des normes devant régir la distribution de ces biens. En indiquant que ce régime culturel est en partie un régime de délimitation et de démarcation, un lieu où la vie humaine est déployée, Freud désigne quelque chose de plus spécifique pour circonscrire cette vie dans le registre de l'humain. La précision relative au dérangement qui concerne les normes qui régulent les biens acquis (si importante pour l'argument sur l'organisation de la vie collective) concerne la manière dont ces biens sont distribués et comment ils s'organisent dans le système de reproduction de la culture. Il s'agit des conditions qui doivent se développer pour donner permanence à une organisation communautaire établie selon des conditions de vie supérieures à celles de l'état de nature. Freud souligne que

---

[75] S. Freud, *L'Avenir d'une illusion*, in *Œuvres complètes*, Vol. XVIII (1926-1930), Paris, P.U.F, 1994, p. 146.

c'est dans ces conditions culturelles que se développe la vie humaine, et que c'est à l'intérieur de cette communauté que s'articulent les bastions prévoyant la préservation des motifs culturels. Il ne fait pas de doute que cet espace psychique et culturel oblige la prise en compte des formations religieuses, éthiques et morales qui inscrivent la civilisation humaine dans le cours de l'histoire. Un aspect que Freud n'hésite pas à détacher des conséquences engendrées par le meurtre du chef de la horde.

Considérant l'état de détresse originaire de l'homme, - situation qui est d'ailleurs attribuable aux conditions psychiques ouvertes par la mort du père mythique -, l'espace de la demeure collective se montre organisé selon le versant négatif que les hypothèses sur l'inconscient introduisent pour penser la subjectivation politique des collectivités. Ce versant négatif est soulevé par la psychanalyse pour penser l'organisation de la culture, et montre le point du réel qui agit dans la politique. Une fois de plus, la présence du meurtre permet de déceler l'existence d'un acte qui n'aboutit pas à sa conjuration, dessinant l'évènement historique de la morale et de l'éthique à partir des actions d'expiation qui deviennent nécessaires pour un tel meurtre.

L'hypothèse de la détresse humaine dont Freud fait le motif central de la force des représentations religieuses, de la servitude des masses face à la présence de dirigeants totalitaires, est déterminante pour comprendre la dimension éthique en lien avec ce réel qui opère pour la politique. L'éthique se trouve dans un rapport avec le réel comme l'expression d'un noyau impossible à combler avant l'idéalité d'un bien suprême.

> […] chose curieuse pour une pensée sommaire qui penserait que toute exploration de l'éthique doit se porter sur le domaine de l'idéal, sinon de l'irréel, nous irons au contraire, à l'inverse, dans le sens d'un approfondissement de la notion du réel. La question éthique, pour autant que la position de Freud nous y fait faire un progrès, s'articule d'une orientation du repérage de l'homme par rapport au réel[76].

Il existe toutefois un rythme interne à cette délimitation spatiale, dès lors que l'idée de détresse humaine est incompréhensible si elle n'est pas considérée conformément à certaines nuances. On doit savoir que cet état de détresse trouve sa traduction dans les adhérences premières aux séries filiales nucléaires, couvrant les processus d'identifications précoces (l'identification première au père), ainsi que l'émergence des objets sexuels autour desquels la pulsion se fixe. Les séries filiales peuvent devenir ainsi pour le moi des sujets d'identification ou des objets de cathexis libidinales.

De manière consécutive, ce sont ces formations d'adhérence qui se transforment en formations psychiques « dégradées », comme cela sera le cas du surmoi dans l'organisation des dynamiques de la vie psychique. On peut constater que les adhésions ultérieures, que l'individu réalise face aux dimensions culturelles qui exercent leur activité dans un rayon qui se distingue des réglementations de parenté, nécessitent la mise en place de ces motifs premiers. Ces adhésions impliquent l'existence permanente des adhérences précoces pour établir un

[76] J. Lacan, *Le séminaire, livre VII. L'éthique de la psychanalyse*, Paris, Seuil, 1986, pp. 20-21.

travail de réorganisation de la détresse initiale. Une part importante du travail organisé entre les adhérences précoces et les adhésions postérieures est celle qui permet de comprendre les phénomènes de l'obéissance, de la domination, de la soumission et du deuil. Freud reprend une partie de cette analyse dans sa présentation de la valeur des représentations religieuses, lesquelles sont vues, en 1927, comme le mépris des véritables valeurs de la vie.

L'organisation spatiale de la culture (à propos de l'admission des hypothèses sur l'adhérence et l'adhésion) transite vers des illusions, c'est-à-dire une situation clairement exposée par les représentations religieuses au sein de la communauté. Freud y voit l'une des formes que prend l'institution du contrôle et de la soumission, alors que l'espace de cette domination entraîne la détresse humaine à leurs origines. Des motifs « extraspatiaux » reviennent à nouveau sur la scène violente et rapace de l'assassinat du chef de la horde.

Une autre voie de délimitation de cet espace est celle qui met en cause la notion de *ratio*, dans laquelle Freud constate une opération de deuil de la détresse initiale. L'opération de deuil de la pensée dans son visage symbolique est une expérience d'élaboration de la détresse originaire, conduisant la pensée à se renverser sur soi-même. Le fondement négatif de la communauté, mobilisateur en partie de cette détresse, n'agit pas en conséquence dans le sens des illusions et de la soumission aux doctrines préétablies. Le deuil de la pensée renverse sur lui-même le fondement négatif afin d'en faire le motif des actions picturales et fictives. Pour Freud, il s'agit de penser la mort dans son lien à la vie, dépourvue des illusions qui dérobent l'activité symbolique à l'homme.

L'opération spatiale de la communauté humaine ne peut que transiter vers ces deux directions : ou bien, la voie de la servitude et de la domination ancrée dans les illusions et les rêves ; ou bien, la prise en compte d'une détresse qui constitue une condition d'ouverture de la tâche pour penser la communauté depuis sa base, même si cet état de réflexion chemine selon une dynamique fort négative comme celle qui la suppose éloignée de toute doctrine définie au préalable.

La communauté est ainsi dépendante de l'admission de l'abolition de toute structure doctrinaire vouée à envelopper la détresse originaire de l'homme dans un système d'ordre et d'assujettissement. La situation de faillite de ces savoirs préétablis conduit à ce que cette détresse ne soit pas localisée en exclusivité dans le domaine de la vie psychique. Car cette même détresse amène à regarder les fondements négatifs de la demeure culturelle. Par conséquent, les normes sont l'expression de cette négativité, traduction du deuil que l'homme doit faire de ses illusions qui méprisent la vie telle qu'elle est. Ce deuil de la pensée, qui s'ouvre à partir de la notion de détresse, mène au problème de la conservation dans le temps des motifs et des principes qui organisent l'ordre social.

Le domaine temporel

Les interrogations relatives à la dérive temporelle ouverte par l'évocation du meurtre du père sont la conséquence et l'extension de la première dérive, dite série spatiale. Le temps, qui exprime l'évocation de l'assassinat du chef de la horde, engage une idée du temps centrée sur les aléas du présent et les adversités à surmonter dans l'avenir des hommes. Freud opère conformément à une logique globale qui vise à délimiter le sens des organisations culturelles et sa portée dans le domaine politique. Cette trajectoire est inaugurée par la prohibition de l'inceste et va dans la direction des liens d'alliance et d'échange, laissant une faible production conceptuelle adossée aux idées qui sous-tendent les liens de filiation et de consanguinité. Tout ce qui concerne le dernier de ces univers constituerait le plus proche du naturel, l'opposition du pouvoir du sang sur le collectif. L'antagonisme établi entre les liens d'alliance et les liens de filiation scelle pour Freud une équation antinomique, car les liens de filiation sont envisagés comme le signe de la négation de l'échange.

Dans ce type de liens, Freud ne considère pas qu'il soit possible de dégager un univers de relations, ce qui suppose toujours la manifestation de tendances anti-culturelles. Toutefois, ces liens de filiation et de descendance reflètent d'importantes dimensions cosmiques, sociales et religieuses qui débordent largement le seul plan d'une sexualité endogamique et asociale. Dans ces liens se dessine une définition de la vie qui articule l'existence humaine à des aspects religieux, économiques, sociaux et sexuels. Les liens de filiation et de descendance expriment des séries culturelles aussi importantes que celles qui sont exprimées par les liens d'alliance. Être du même sang que le père ou la mère est un phénomène qui définit des conditions culturelles spécifiques. En ce qui concerne les liens de filiation et de descendance, la gestation d'un nouvel être peut conduire à considérer cette nouvelle vie comme étant faite des os du père ou du même sang de la mère, pouvant à la fois faire abstraction des apports de l'un des deux parents. Dans la descendance, diverses procédures de nomination sexuelle, sociale et religieuse agissent et soulignent un réseau complexe de phénomènes culturels ayant une forte incidence sur les appropriations corporelles des nouveaux membres d'une communauté.

Même si la progression temporaire de la culture est vue par Freud comme la capacité à réaliser par des moyens humains sa reproduction et sa transmission, les relations d'alliance représentées par cette progression font l'objet d'une analyse tout à fait générale. Son examen n'approfondit pas de manière précise les différents types d'alliance et d'échange (restreints, généralisés, prescriptifs, préférentiels et cycliques), et encore moins les formes de la descendance et de la filiation (unilinéaires, bilinéaires, indifférenciées). Concernant la prohibition de l'inceste et sa portée sur les liens d'alliance et de réciprocité, les hypothèses freudiennes sont mobilisées pour un *tempo* purement interne à la théorie psychanalytique. Elles ne mettent pas en évidence et de manière détaillée le principe de la réciprocité sociale, entendue comme un mécanisme de défense de l'identité propre et conçue en termes sexuels[77].

En ce qui concerne la série temporelle de la demeure culturelle, le meurtre du chef tyrannique répond à l'urgence de la fondation de la communauté fraternelle, par l'interdiction de la jouissance sexuelle avec des femmes du même groupe afin d'introduire des lois exogames. Exigée par la prohibition de l'inceste, l'exogamie instaure un espace qui est défini par l'horreur de l'identique (inceste avec les membres du groupe) et du trop différent (nécrophilie, zoophilie). De ce point de vue, Freud voit émerger des lois qui instaurent le totémisme,

---

[77] Une analyse intéressante de ces hypothèses peut être trouvée dans le livre d'Alain Delrieux, *Lévi-Strauss, lecteur de Freud,* Paris, Anthropos, 1999.

règles que la psychanalyse observe dans les manifestations et les tensions de l'œdipe.

Cette « imaginarisation » de l'origine des formations culturelles par le moyen du meurtre du leader tyrannique, devenu ultérieurement le père mythique, donne une représentation adéquate de la famille nucléaire. Freud se penche uniquement sur les aspects qui s'entrecroisent dans le domaine de l'inceste généralisé et considère les relations d'Ego avec sa mère et ses sœurs. Dans les textes produits au cours de ces années, reste le problème majeur de l'inceste de deuxième type qui n'est pas traité de manière directe par Freud. Ce type d'inceste est central pour la prise en compte de la dérive patronymique réunissant le moi de parenté avec le moi pronominal. La dérive de ce type d'inceste non « charnel » permet de comprendre une série de troubles qui rendent impossible l'inscription patronymique, déterminant différents types d'altérations. Ces relations de deuxième type amènent à ce qu'Ego puisse établir sa position à l'intérieur des relations qui s'établissent entre lui et la mère de sa mère ainsi qu'avec le père de son père. Le fait qu'un individu puisse se nommer à partir de la fonction pronominale implique l'intériorisation de la série de ces distinctions. On peut voir ces distinctions s'organiser dans le travail de l'identification fondatrice et idéale analysée par Freud en 1921, alors qu'il est question de déterminer le caractère de ces identifications préalable à l'Œdipe.

Au moment de prendre cette série temporelle à l'intérieur du cours ouvert par l'histoire de l'homme, Freud opère un glissement exemplaire. Contrairement à la pensée anthropologique qui concentre une partie importante de ses développements sur l'organisation du lien social dans l'idée d'échange, pour Freud, l'histoire culturelle s'écrit à partir de la prise en compte de la lutte interne que l'homme porte comme conséquence de l'existence de la vie pulsionnelle. Le fait le plus important de ces hypothèses est sans doute que ces tendances de la vie de l'inconscient ne soient pas tout à fait transitives. La sexualité humaine n'est pas une offrande oblative que chaque individu pris isolément doit réaliser à l'égard de la communauté. Cette sexualité est liée à une marge impossible à subsumer. Cette logique du négatif s'opère dans le domaine de la reproduction de la culture, dans la reproduction sociale du sexe fait sexualité. Il s'agit de l'hypothèse la plus importante du parcours temporel qui ouvre la scène de l'assassinat d'un chef devenu père. La série temporelle doit s'efforcer d'inscrire le sexe à l'intérieur de l'espace social pour être retenue comme sexualité soumise aux critères de la culture. La prohibition de l'inceste, vue à partir de l'image du meurtre, exprime donc une prohibition, relative à la manière dont le sexe doit être utilisé à l'intérieur de la société.

À partir de la réunion de la série spatiale et temporelle, un certain nombre de conséquences liées aux constatations les plus contemporaines de l'éthologie peuvent être observées. Ces constatations montrent que les ancêtres de l'homme ont toujours vécu en société, contrairement aux observations freudiennes sur les thèses de l'organisation par hordes[78]. Néanmoins, il faut voir ce que les thèses de Freud essaient de montrer à propos de la culture et de son histoire. Ces énoncés sont fertiles du point de vue de ce qu'ils transmettent dans le domaine de la sexualité humaine et son rapport avec les motifs qui permettent de

---

[78] Cf., Mehlman, « L'évolution des soins paternels chez les primates et les hominidés », in *Anthropologie et sociétés,* Vol. 12, n° 3, 1988, pp. 131-149. Et aussi, Bixler, R. H., « Primate mother-son incest », in *Psychological Reports*, Vol. 48, 1981, pp. 531-536.

penser l'organisation des collectivités. Le sacrifice de la sexualité constitue un élément nécessaire pour considérer l'organisation sociale. Les lois de la parenté tirent la majeure partie de leurs énoncés de cet aspect.

Ancrer les origines des formations culturelles dans la fonction du sexe, c'est comprendre cette fonction en ce qu'elle montre de capital pour le développement de la société. Les idées freudiennes disent peu sur la sexualité, elles font référence au rôle du sexe dans les sociétés et à ce que ces formations sociétales lui font. La société fait du sexe et de la sexualité une dimension susceptible d'établir des énoncés de diverses natures. Son mode de travail s'articule à partir des corps, assujettissant ces derniers à certains types de discours. C'est ce que la dérive freudienne énonce dans ses imaginarisations de l'origine : le sexe à l'origine de la civilisation comme étant un élément d'où, bien qu'il ne soit pas tout à fait maniable selon les requis de la culture, opèrent des actions de reproduction sociale qui cherchent à être établies pour faire du sexe, de la sexualité transmissible. Les actions de transformation relatives au sexe offrent la possibilité d'instituer un espace d'organisation pour les collectivités humaines, mais aussi la possibilité d'inscrire ces transformations dans une dérive temporelle transmissible entre les générations.

Il ne s'agit pas, à proprement parler, de l'imaginarisation d'une scène originaire, du père ou de leurs noms. Freud tente d'arrêter ce que l'homme fait avec le sexe, réel inamovible qui autorise cependant le transit des significations et les espaces nécessaires pour cette transmission. Dans le fondement de la culture et du lien social, on trouve à nouveau le sacrifice. Pour la psychanalyse, les phénomènes liés à l'expérience humaine n'opèrent pas dans le seul domaine des transits qui peuvent s'établir entre l'humain et le non-humain, entre la nature et l'ordre culturel. Le lien social noue, en son sein, la fonction non transitive et impossible du sexe, même si c'est grâce à lui que les formations discursives de la culture peuvent organiser le champ de leurs déterminations spatiales afin d'y introduire par la suite les récits nécessaires à la reproduction de sens sociaux. Le sexe et le désir sont une dimension nécessaire aux dérives reproductives de la sexualité dans la civilisation.

On a déjà remarqué que la sexualité informe peu sur le sexe, toutefois, celle-ci permet une lecture qui éclaircit la dérive politique sous-jacente à l'évocation de l'assassinat du père soulevant le réel qui opère dans tout imaginaire de rassemblement du lien social. Le père nomme la fonction sacrificielle de la sexualité humaine. Que ce soit par les thèses relatives à l'agir sacrificiel de la culture ou à travers l'opposition entre la sexualité-désir et la sexualité-reproduction, la réalité du politique peut se voir organisée par la mise en acte des fictions. La vie humaine est considérée par le prisme de la fiction sans pour autant être domestiquée par ce même travail d'invention. En psychanalyse, les thèses relatives à la jouissance reflètent cette imposition impossible.

1.9.- La constitution du politique aux frontières de l'histoire, de la fiction et de la violence

Pour penser la constitution du politique, c'est à Spinoza qu'il faudrait se référer. Dans le chapitre XVII de son *Traité théologico-politique*, il signale :

> La nature ne crée pas des nations, mais des individus, lesquels ne se distinguent en nations que par la diversité de la langue, des lois et des mœurs reçues ; seules, parmi

> ces traits distinctifs, les lois et les mœurs peuvent faire que chaque nation ait une complexion singulière, une condition propre, des préjugés à elle. Si donc on devait accorder que les Hébreux furent insoumis plus que le reste des mortels, cela devrait être imputé à quelque vice des lois ou des mœurs reçues[79].

Pour Spinoza, c'est en référence à la loi, à la langue et aux mœurs qu'une nation peut avoir une complexion singulière. Il ne s'agit pas d'un processus qui serait le résultat de la simple nature des choses, les fictions politiques font partie de l'histoire que les hommes recréent en concordance à la loi et aux mœurs reçues. Mais pour que le politique advienne dans une collectivité sociale, il faut d'abord que cette collectivité se politise. Ainsi, il faut d'abord savoir comment une collectivité sociale arrive à ce moment très particulier de la politisation. Freud essaya de penser cet acte, toujours antérieur à l'organisation des institutions proprement politiques, par la voie de ce qui peut faire loi pour les hommes, afin d'observer ensuite la force que cette loi accomplit pour les devenirs des collectivités humaines. Comment peut-on penser cet acte de naissance du politique en tenant compte des hypothèses sur l'inconscient ? Quelles conséquences aurait cet acte pour l'inconscient des modernes ? Y aurait-il une manière de penser la condition politique moderne par le biais de l'inconscient ? Les réponses à ces questions ne peuvent pas être claires si l'on n'accepte pas un certain nombre d'entre elles au préalable. En effet, pour la psychanalyse, ces interrogations entraînent la prise en compte d'un ensemble d'éléments psychologiques et culturels qui soulignent l'état de relative opacité dans laquelle la

---

[79] Spinoza, *Traité théologico-politique*, Paris, Flammarion, 1965, p.295.

dimension politique se fraye un chemin. Un détail important de cette situation est susceptible d'être observé dans le type de dérive cogitative que Freud construit pour comprendre la dimension du politique. Cette dimension comprise de manière tangentielle, dès les premiers textes consacrés aux problèmes culturels, n'a pas été travaillée de manière explicite jusqu'au texte tardif sur le Moïse. Alors que les analyses sur cette dimension sont déjà présentées dans le texte *Totem et tabou,* écrit en 1912, elles restent subordonnées aux considérations phylogénétiques de rigueur que Freud suppose afin de penser les origines de l'humanisation. La conception que Freud développe pour penser ce *phylum* est un phylum culturel et non biologique. Il s'agit de la fabrication de la scène humaine à l'intérieur de la dérive temporaire de l'espèce, loin de porter les exigences plus spécifiques et concrètes pour penser l'édification d'une collectivité humaine. La dérive phylogénétique n'exprime pas à proprement parler les conditions historiques, politiques et culturelles nécessaires à la formation d'une catégorie comme celle du peuple. Cette acception différenciée d'un groupe social permettra à Freud d'introduire la question politique. Cette désignation, incomprise durant la période antérieure aux années 1936-1939, est réalisée par le biais d'une parenthèse de nature théologique et politique. Dans le cadre des réflexions sur le peuple juif à propos de son caractère d'extrême exceptionnalité pour tout ce qui concerne le mépris historiquement manifesté par d'autres pays, et sur sa nature de peuple « choisi » par Dieu, s'expriment des relations que la variante politique explique avec l'histoire, la tradition et les récits identitaires. Freud ne cesse d'insister sur la nature de ces constatations, sur les réserves qu'il faudrait avoir étant donné que leur véracité est issue d'exemples empruntés à l'expérience clinique de la psychanalyse et non pas à un domaine proprement social et historique. Il s'agit en effet des résultats observés dans le seul domaine de la vie psychique individuelle.

Le dernier chapitre du texte de Moïse offre un témoignage explicite sur ces questions, lorsqu'il commence à élaborer plus en détail la catégorie de peuple. De telle sorte que pour comprendre ce qui fait qu'« *un peuple soit un* peuple », il devient nécessaire d'observer comment cette action d'institution politique entre en correspondance avec les problématiques ouvertes par le renoncement à la vie pulsionnelle, la substance de vérité qui implique la religion et le retour du refoulé. Cette dernière dimension dirige la pensée vers le dilemme entre la vérité historico-conjecturale et le cheminement de l'évènement historico-objectif (*geschichtliche*). On y trouve les éléments qui subrogent toute possibilité d'une réponse explicite à ces questions.

Tout est formulé en 1939, à partir de l'approfondissement des aspects politiques établis selon les principes de la logique de l'inconscient. Ainsi, Freud indique que cette théorisation mène à l'émergence d'un savoir qui ne peut être organisé selon le procédé du positivisme historiciste. Les aspects que Freud souligne dans le texte de Moïse sont essentiels pour envisager les motifs de la politique ; pour leur mise en place, leur constitution et leur espace, érigeant ainsi un cas de figure essentiel pour penser aujourd'hui l'attention que les modernes prêtent à la catégorie du politique. Tout au long de ce texte, Freud porte une remarquable attention à la figure de Moïse en tant que leader politique (*politische Führer),* précepteur ou législateur (*Gesestzgeber, Erzieher*), plutôt que comme chef mythique d'une collectivité. Cet aspect de l'analyse ne doit pas se distancier de l'attention qu'il convient d'accorder à d'autres personnalités comme Lycurgus (Lykoûrgos), Numa-Pompilius et Solon, pour ne citer que ceux qui ont un lien explicite avec Moïse. On peut percevoir en eux des précepteurs et des législateurs de lois et de commandements invisibles préparant à la « politisation » qu'une collectivité humaine requiert pour transformer sa situation sociale en conjoncture nouvelle d'une société politique. Freud travaille autour de cette politisation et de cette transformation, afin d'organiser conceptuellement ce qu'un peuple nomme et spécifie à partir de l'action qui permet sa naissance. Par conséquent, la recherche psychanalytique s'interroge sur la pertinence de la figure de Moïse afin d'observer les modes d'établissement nécessaires à la naissance d'une société politique. Il s'agit de normes et de l'impact que ces normes accomplissent au sein de la politisation d'une communauté humaine. Cette politisation ne peut pas être désignée de telle sorte du seul fait de la condition sociale et collective qu'exprime l'existence naturelle des hommes. L'émergence d'un peuple impose certaines contraintes. Admettre l'existence d'un peuple implique l'exercice d'un *acte* qui soutient les individus pour façonner une chose diversifiée à ses dispositions singulières. Freud dispose de cette analyse conforme à un geste qui poursuit les visions du *Traité théologico-politique* de Spinoza, alors que ce dernier soulignait que « *la nature ne crée pas des nations, mais des individus, lesquels ne se distinguent en nations que par la diversité de la langue, des lois et des mœurs reçues* ».

Au chapitre XVII du *Traité théologico-politique*, l'auteur témoigne d'un intérêt pour la figure de Moïse et le peuple hébreu[80]. Pour Spinoza, les dogmes de la religion

[80] Ibid., pp. 303-324.

sémite n'étaient pas seulement des enseignements, mais des règles de droit et de commandement. À l'intérieur d'une conception théocratique comme celle-ci, la pitié est synonyme de justice, et son absence, crime et iniquité. Pour le peuple juif qui refusait les préceptes de la religion, il cédait ses droits de citoyen et, de ce fait, était considéré comme un ennemi. Qui mourait par la religion du peuple comblait en honneur la patrie, ce qui rendait évident le fait qu'entre religion et droit civil il n'y avait pas de grande distinction. Comme un cri de force populaire, les israélites s'exclamaient avec joie : « *tout ce que Dieu demande, nous le ferons* ». Pour cette obéissance, aucun médiateur ne fut prévu. En raison de ce pacte collectif, les Juifs ont pu être représentés sur un pied d'égalité ; le droit de consulter Dieu, de recevoir et d'interpréter sa loi appartenait à tous de la même manière que tous étaient engagés dans l'administration de l'État.

Pour Spinoza, ce qui se produit avec la présence d'un État de type théocratique n'est précisément pas une usurpation de la religion du fait qu'il utilise la démocratie pour pouvoir organiser le sens de ses actions. Au contraire, la situation définie par la religion pour le peuple hébreu montre que la religion a acquis force de loi et de droit. Le fait que la religion se révèle aux hommes par une lumière naturelle ou par un ton prophétique ne peut acquérir force de loi et de commandement qu'en vertu des décrets, des lois et des mandats exercés par des hommes ayant le droit de commander au sein de l'État. Dieu ne possède aucun règne singulier entre les hommes, mais uniquement par les personnes qui sont détenteurs du pouvoir de l'État. De la constitution de l'État hébreu et de son histoire, Spinoza tire des conclusions qui organisent des dogmes politiques précis. Ce qui s'apprécie dans la constitution de ces dogmes, c'est le caractère fondamental de la loi, tout cela personnifié dans la figure de Moïse en tant que précepteur de ces lois.

La supposition de ces aspects inaugurés avec la période de l'Exode montre le changement progressif des lois étrangères et imposées (les lois égyptiennes) à celles qui émanent de la volonté du peuple juif. Ces lois constituent une nouvelle transformation ou une cession de droits individuels vers le droit des commandements exigés par Dieu : il s'agit de lois qui ne réclament aucune médiation possible. Moïse apparaît en conséquence comme le précepteur de ces lois qui, sans être juives, offrent les conditions d'existence légale dont un peuple a besoin pour se constituer en tant que peuple. Sur ce point crucial, qui met tous les arguments principaux dans la figure prescriptive de Moïse, Freud énonce les surprises qui pourraient embarrasser le lecteur au moment de subordonner toute l'analyse à la figure d'un seul homme (*Mann*). Freud pense que l'étonnement face à une hypothèse de ce genre pourrait se voir exprimer dès lors que l'hypothèse psychologique élude la force explicative des éléments universels et impersonnels exprimés par le rôle déterminant l'histoire.

> Comment est-il possible qu'un être humain, à lui seul, déploie une efficacité si extraordinaire qu'il donne forme à un peuple à partir des individus et de familles quelconques, lui imprime son caractère définitif et détermine son destin pour les millénaires ? Une telle hypothèse n'est-elle pas une régression du mode de pensée qui donna naissance aux mythes des créateurs et à la vénération des héros, une régression vers des temps dans lesquels l'historiographie s'épuisait dans le compte rendu des hauts faits et des destins de personnes individuelles, souverains ou conquérants ? L'époque récente incline plutôt à ramener les épisodes de l'histoire de l'humanité à des facteurs généraux et impersonnels

> plus cachés, à l'influence contraignante des conditions économiques, au changement du monde alimentaire, aux progrès dans l'emploi des matériaux et des outils, aux migrations qui sont occasionnées par l'accroissement de la population et des modifications du climat. Aux personnes individuelles n'incombe alors aucun autre rôle que celui d'exposant ou de représentants des tendances des masses, lesquelles devaient trouver nécessairement leur expression et la trouvèrent plutôt fortuitement dans ces personnes-là[81].

Cependant, il faudrait dire que Freud n'énonce pas à proprement parler la figure du « grand homme » en raison de ses caractéristiques psychologiques (son obstination, sa ténacité), l'objectif étant plutôt d'analyser ce que ces attributs psychiques organisent pour le devenir concret d'un peuple. Il s'agit du Moïse, précepteur et législateur, qui octroie un précédent historique pour la législation des modernes. Quel statut donner à ce fragment de l'histoire, à ce souvenir d'un peuple, en particulier si l'on considère que ce souvenir nous plonge à nouveau dans la lecture du passé ? Dans les *Considération sur le gouvernement de Pologne* [82], Rousseau mentionne que les modernes possèdent des réalisateurs de lois, mais en aucun cas des législateurs. Rien de comparable à la signification que les classiques ont acceptée. Dans le texte de Moïse, on observe que Freud partage cette idée de Rousseau en indiquant que la figure absente et vide du précepteur est l'une des faiblesses de notre époque. Le recours à cette figure a pour propos de soulever le désespoir qui érode

---

[81] S. Freud, « L'homme Moïse et la religion monothéiste », in *Œuvres complètes*, Vol. XX (1937-1939), Paris, P.U.F., 2010, pp.185-186.

[82] J.J. Rousseau, *Considérations sur le gouvernement de Pologne*, in *Œuvres complètes*, vol. III, Paris, Gallimard, 1964, p.956.

l'homme moderne face la question strictement politique. Du moment que la politique des peuples se conforme au contrat, on doit reconnaître la nécessité d'un législateur. À l'exception, bien entendu, du cas où l'on différencierait temporairement et conceptuellement l'institution du peuple de l'institution du contrat. C'est le législateur qui institue, l'agent instituteur du peuple par le biais duquel l'institution du contrat social devient possible. Ainsi le législateur est finalement :

> un personnage providentiel, non au sens où il est un envoyé de la providence, mais au sens où une société qui se constitue politiquement doit trouver, dans l'histoire, une première accroche, un point de passage - ce qu'elle ne peut cependant produire par elle-même, mais dont il lui faut se saisir si elle profile, et au moment exact où elle se profile.[83]

Moïse est l'opérateur objectif qui permet que le droit politique ne soit pas traduit comme une équation vide en passant par la réalité constituée par les hommes. Le rôle de ce législateur n'est pas tellement de se constituer comme l'incarnation de la loi de la volonté générale, car celui-ci observe le bien que cette collectivité se proclame en accordant une réalité matérielle à l'exercice de la loi.

Par l'intermédiaire de la loi, la fiction érige la voix de sa mission, tâche collective, sociale, qui avant de correspondre exactement au titre juridique et de droit, fournit le cadre culturel, et par conséquent réel, à travers lequel ces titres sont saisis ultérieurement. Une démocratie réelle ne peut d'aucune manière donner suite à son

---

[83] B. Karsenti, *Moise et l'idée de peuple, la vérité historique selon Freud*, Paris, Editions du Cerf, 2012, p.21.

existence sans les fictions nécessaires à son institution par autre chose qu'elle-même. Par de telles fictions, la démocratie des individus est destinée à son rattachement au peuple.

Dans une large mesure, ce rattachement illustre les conditions à prendre en compte pour penser la politique moderne, car elle devrait admettre comme point essentiel de sa constitution et de son inscription dans l'histoire, le fait que ce rattachement soit reformulé d'une manière permanente et renouvelée. Freud montre bien dans le texte de Moïse que l'exclamation de cette volonté, l'acte de son affirmation, n'est pas toujours formulable. Il veut soulever l'importance accordée à la notion de tradition. Il est indéniable que tout ce qui se passe dans la dynamique consciente d'un peuple ne pourra pas repérer l'essentiel de cette tradition, offrant en conséquence une perspective qui fait de « l'affirmation de soi » d'un peuple la modalité de représentation, aux seuls propos de la conscience totalement vaine. Freud stipule qu'une partie de ces éléments informulables de la tradition opère selon deux temps bien circonscrits : d'une part, la tradition telle qu'elle est consentie par le cours de la vie ; et, d'autre part, une tradition qui se superpose à la première comme la manière inconsciente de son travail. La première de ces traditions opère en tenant compte des rythmes et des modalités de la vie de la collectivité sans un véritable travail de conscience. La deuxième renverse cette transmission dans une certaine direction. Dans cette deuxième rubrique, qui est également un type de mouvement historique, s'érige le phénomène du secret qui demeure dans les récits de la collectivité, dans ses fictions et dans ses figurations. Il s'agit du « secret » d'une vérité qui ne doit advenir que selon la logique du retour du refoulé. Conjuguée à la mémoire de cette tradition bannie de la conscience, le secret organise une histoire qui peut être nommée politique. Croire dans ce morceau d'histoire ainsi que dans les fragments que la reconstruction de cette tradition énonce, amène à se pencher vers sa propre histoire.

Le phénomène de la croyance est ici central, car cette histoire ne correspond pas à ce qui est décrit. Cela n'exclut en rien l'idée de tradition avec laquelle Freud travaille, puisque cet élément de la croyance tend plutôt à la rendre plus complexe. Il faut par conséquent distinguer ce que la tradition indique de ce qu'elle réalise, différencier le récit qu'elle accrédite et transmet, et le tissu de son action organisatrice. Pour ce deuxième niveau, Freud condense son attention, surtout en ce qui concerne l'élément le plus politique de cette tradition. L'aspect suivant se concentrera sur le lien constitutif qu'elle maintient avec la figure du peuple qui émerge à partir d'elle. L'idée de vérité historico-conjecturale frôle ici l'essentiel du geste de Freud, car cette idée refonde, pour la psychanalyse, l'idée de tradition.

L'impasse créée entre la tradition et la vérité historique engendre l'articulation entre les fictions politiques et ce que la psychanalyse appelle le réel, faisant du législateur un témoin privilégié de la vérité historique, qui est le réel du peuple, irréductible à la vérité matérielle et fonctionnant pour ce motif dans l'ordre de la fiction.

La fiction politique qui est présentée et travaillée dans le texte de Moïse, marque systématiquement une réalité non admise en détail par les textes culturels comme *Totem et tabou*, *Psychologie des masses et analyse du moi* et encore moins dans *L'avenir d'une illusion* et *le malaise dans la civilisation.* Moïse est le personnage central d'une histoire qui incarne la préoccupation freudienne par la culture politique. Il faut bien savoir que par culture politique, on entend une analyse qui prend en compte le moment d'irruption du politique, les conditions culturelles requises à son essor, n'étant pas la politique telle qu'elle se montre dans l'organisation des institutions humaines, c'est le temps de l'irruption, de la naissance, de la disposition d'un peuple. Autrement dit, ce que la naissance de la culture et son analyse peut avoir de politique.

Pour Freud, le peuple juif devient l'exemple princeps de tout groupe appelé à se poser systématiquement la question de la justice, de la cohésion, de la loi et de la création nécessaire à toute collectivité humaine pour imaginer son existence en tant que peuple. La vie politique peut ainsi être relevée dans la loi, mais à l'intérieur d'une histoire nationale qui reste toujours ouverte et à écrire. Selon le geste de Spinoza, Freud considère la réalité propre d'un peuple qui ne peut jamais être naturelle, « la nature ne crée que des individus », car cette réalité est le produit d'une formation inconsciente. Dès lors, elle est le développement d'une vérité historique.

2.0. - Moïse face à l'inconciliable de la pensée et de la mort

Si la préoccupation majeure du freudisme vise toujours la recherche des mécanismes de la vie psychique inconsciente dans les différents registres où ceux-ci peuvent être trouvés, rien n'énonce en principe que ces mécanismes puissent porter un intérêt à la question politique. L'inconscient n'est pas strictement une dimension qui appartient au politique, et il n'est pas nécessaire -en principe- de se référer à la dimension du politique pour connaître les ressorts des mécanismes de vie psychique inconsciente. L'inconscient - mais non pas ses formations - repose en « dehors » des logiques de la reproduction culturelle, même si la nature de cette argumentation ne rejette pas le pouvoir de sa portée dans les dynamiques de l'organisation politique et sociale. Il faut parler non pas d'un inconscient politique, mais des formations politiques de l'inconscient, en raison de la portée que ces formations dévouent à la vie de la culture.

L'un des aspects les plus importants, à partir duquel ces dynamiques d'organisation politique et sociale expriment leur portée, est visible dans le domaine de la corporalité humaine. Le monde social conserve un lien particulier avec la corporalité, il la reçoit pour la transformer et la modifier selon les logiques de saturation des sens sociaux. Le corps énonce le cadre des assujettissements qui sont provoqués par le monde social, le monde humain qui fait du corps : genre, sexualité et discours.

Les pratiques du corps, bien documentées par M. Mauss, illustrent cette facette de capture et d'assujettissement qui travestissent les corps en phénomènes sociaux de nature extrêmement variée [84]. Cette possibilité effective et réelle est assurée par le traitement que l'inconscient inscrit préalablement dans le corps. La logique de la reproduction sociale travaille en élaborant divers sens qui agissent sur la dimension corporelle, et seulement sur la surface que cette dimension prête à la préservation dans la durée des motifs culturels. Ainsi, tout ce que l'inconscient produit n'est pas susceptible d'être nommé depuis la logique de cette reproduction. Il y a un réel qui ne peut pas s'écrire dans le processus que la civilisation tente d'inscrire sur les corps.

---

[84] M. Mauss, « Les techniques du corps », pp. 365-386, in *Sociologie et anthropologie*, Paris, P.U.F, 1999, pp.365-386.

Pour Freud, la portée des formations de l'inconscient sur la scène politique s'écrit à titre préliminaire dans les grands domaines de réflexion recouverts par la problématique de la phylogenèse, de l'ontogenèse, de la névrose, du primitivisme et de l'infantilisme. Si ces cinq domaines sont traités de manière initiale pour comprendre la germination et la préservation des soucis religieux de la civilisation, ils satisfont le propos qui consiste à mettre en évidence l'état des fictions de la société, en délimitant le sens des illusions qui lui sont apparentées. Les textes anthropologiques écrits par Freud à partir des premières années du XXe siècle en témoignent[85], sans négliger les textes cliniques relatifs à la névrose obsessionnelle[86] et à l'hystérie d'angoisse[87], lesquels contribuent ouvertement à une première ébauche de théorie sur ces questions. Le premier de ces derniers textes souligne l'importance de l'omnipotence de la pensée pour l'entendement des formations animistes ainsi que pour la compréhension des névroses dans le lien qu'elles entretiennent avec l'infantilisme de la pensée. Le deuxième de ces textes renseigne sur les actions de subrogation de l'ambivalence de sentiments et les conditions propices à la sauvegarde de l'amour de la haine par l'existence d'objets projectifs qui permettent de ne pas annihiler la série d'identifications établies par l'empreinte paternelle. Freud situe la solution de compromis obtenue dans le contexte des conflits que l'individu exprime dans le domaine de l'existence individuelle (ontogénétique), mais qui ne gêne pas les arguments établissant un modèle d'expression des conflits

---

[85] Voir en particulier : S. Freud, *Totem et tabou*, in *Œuvres complètes*, Vol. XI, (1911-1913) Paris, P.U.F., 2009.

[86] S. Freud, « À partir de l'histoire d'une névrose infantile », in *Œuvres complètes*, Vol. XIII, (1914-1915) Paris, P.U.F, 1988.

[87] S. Freud, « Analyse d'une phobie chez un petit garçon de 5 ans », in *Cinq psychanalyses*, Paris, P.U.F, 1971.

propres à l'espèce, réactualisant ainsi l'histoire symptomatique du passé phylogénétique. Ces deux situations donnent corps au rôle des affects dans l'argumentation de l'histoire individuelle et de l'espèce, montrant de manière plus tardive ces affects comme la pierre angulaire où s'appuie toute la séquence de croyances relatives au phénomène religieux.

Les affects, produit des relations psychiques précoces, portent en eux les motions prématurées de détresse (tant dans le domaine phylogénétique qu'ontogénétique) et, en conséquence, s'érigent comme les piliers du besoin de protection et d'amour. De manière postérieure, le pouvoir des représentations religieuses s'appuie sur ce même versant affectif. Cette équation primordiale rejette l'ingérence de la pensée dans le cours des formations politico-collectives, conduisant vers deux grands scénarios qui permettent de penser la raison d'être des liens sociaux. D'une part, la voie est ouverte par le versant de l'affectivité et de la croyance, c'est-à-dire l'encadrement des grandes œuvres religieuses d'Occident. D'autre part, la pensée doit établir un deuil pour exposer le fondement négatif de tout ordre social ; ce deuxième versant étant situé aux antipodes du premier. Cette dernière ligne d'analyse permet de faire valoir que l'existence de la société politique peut se soutenir dans un au-delà de la dérive ouverte par le père, laquelle établit sa jurisprudence à partir du versant de l'affectivité et de la croyance. Le versant contraire progresse dans la laborieuse voie du deuil de la pensée en ce qui concerne les formations de la croyance et des illusions liées au religieux et à la figure du père. Cette voie définit le travail de la symbolisation qui s'attarde sur tout ce que la psychanalyse nomme à partir de l'idée de castration. Dans le domaine de la vie collective, la castration est sans doute le réel de toute politique et de toute fiction sociale. Mais c'est une réalité qui porte une vérité et qui bouleverse l'ordre social, la relative prégnance des illusions et des croyances pour penser l'avenir. Cela indique le fait que la voie de l'affectivité ouverte par le père mobilise des actions d'usurpation imaginaire face à la vérité qui porte le phénomène de la castration. On observe donc le sens de la castration pour envisager un au-delà des formations œdipiennes et ce qu'elle déclenche pour les premières adhérences infantiles et leurs dérives devant les futures adhésions sociétales.

Le lien social dévoile dans sa conformation affective des régressions aux adhérences précoces (enveloppées par l'image du père), donnant ainsi aux adhésions postérieures le rythme de l'imaginaire qui contribue à ériger le lien entre illusion et politique. Ce rapport entre les adhérences précoces et les adhésions postérieures décèle l'éventuelle chosification du dynamisme de l'ordre social, en capturant l'avenir des idéaux convenus par la force de formations ataviques (qui appartient en réalité au registre des adhérences précoces). Ils finissent par mésestimer le caractère naissant de ces idéaux lorsqu'ils sont pensés, à partir de la voie ouverte par la pensée et son deuil devant un monde régi par la force du religieux.

La pensée que la castration soutient (dans son aspect structurel) se traduit comme le réel de toute politique, réel des politiques de l'illusion, constituant l'opposé de l'oblitération que les politiques de l'illusion génèrent à l'égard de l'histoire. C'est le cas notamment du religieux et de quelques représentations de la laïcité républicaine et libérale qui, sous l'égide du même objectif totalisateur, réifient le conflit des interprétations données au transit historico-social des collectivités humaines.

La psychanalyse a vu, dans l'introduction du principe de réalité, l'action de deux conditions qui régissent l'*Uverdrängung* ; le renoncement au bien absolu (*das Ding*) et l'oubli de la mort du père comme le soubassement du processus de symbolisation. On peut souligner que, tandis qu'une logique des biens idéaux et des satisfactions opère comme la « mise en œuvre » de la chose perdue, le surmoi lié à la culpabilité est la partie immergée de la métaphore paternelle. Ainsi, l'Œdipe trouve sa consécration dans la sphère sociale, alors que la loi symbolique du langage (*Urverdrängung*) intègre l'individu au sein d'une communauté de croyants. Une affaire que Freud exprime en affirmant que « *la civilisation octroie au petit enfant l'idée de Dieu déjà constituée* ». Il s'agit là d'une procédure politique d'assignation et d'appartenance, sachant que dans cette idée du père, reste la possibilité de nommer l'homme moderne. En tout état de cause, il ne s'agit d'aucune manière de la possibilité de nommer ce sujet sans nommer à la fois le centre absent de cette subjectivité qui est ce réel et à proprement parler le trou de toute ontologie politique[88].

On peut constituer une communauté humaine en faisant abstraction de l'aspect imaginaire de l'Œdipe, qui pour Freud implique de penser dans un au-delà délimité par l'idée de la mort et de la castration. À cet égard, lorsque Freud appelle à l'ingérence du ratio, en ce qui a trait au progrès et la préservation de la culture, il ne s'agit pas de formulations devant bénéficier d'une certaine forme d'illuminisme. Le ratio convoque les figures de la mort et de la castration pour souligner, en dépit de toute forme

---

[88] Voir en particulier, S. Zizek, *Le sujet qui fâche, le centre absent de l'ontologie politique*, Paris, Flammarion, 2007.

d'illuminisme, la considération d'une pensée qui doit agir selon les conditions de sa propre logique interne, et non pas en accord avec des patrimoines dérisoires, bâtis sur les principes de l'illusion. Ces aspects « imaginaires » sont, pour Freud, de tout point de vue infranchissables, car ils se trouvent enracinés dans la force des croyances religieuses, se voyant donc préservés du travail de la vérité qui porte la raison et le jugement.

Or, en psychanalyse, les questionnements autour de la subjectivité humaine s'ordonnent conformément à l'espace et au temps social où elle se manifeste. C'est la raison pour laquelle la distinction entre le monde psychique individuel et le monde collectif devient dérisoire. C'est l'idée qu'on trouve dans des textes comme *Psychologie des masses et analyse du moi,* où le modèle de compréhension du rapport de la masse au chef n'est compréhensible qu'au moyen d'un autre rapport social tel que celui de l'hypnotiseur et de l'hypnotisé. Le chemin conceptuel que Freud essaie de parcourir n'est évidemment pas celui qui va de la psychologie individuelle à la psychologie des foules, loin s'en faut, car la présence de l'individu n'est qu'une figure de résistance à la présence du collectif chez le sujet. La subjectivation s'avère être un aspect collectif placé entre les sens de la collectivité et celui de la reproduction de ses formes. En 1929, Freud observe les enjeux de ces relations lorsqu'il énonce l'importance des représentations religieuses pour l'individu concret (c'est-à-dire placé dans un contexte bien précis) sans omettre l'idée que la présence de cet individu concret est possible dans le rapport qu'il soumet à la collectivité. Il s'agit du sujet qui participe au progrès de la civilisation, de l'histoire et de la construction de l'avenir. En cherchant la manière dont cette collectivité peut ériger le sens de son cheminement par l'histoire, Freud, en 1929, refuse tout espoir lié au pouvoir du ratio pour écrire le pas de ce progrès. Les conditions préalables que le ratio doit générer pour permettre l'établissement et la préservation des motifs culturels semblent donc inadmissibles, considérant l'éthique que celles-ci exigent dans leur rapport à la vérité. Peut-on envisager l'idée que la vérité portée par le ratio puisse devenir un agent de croyance garantissant ainsi l'assignation des univers possibles ? La vérité peut-elle être le soubassement de la constitution du lien social ?

En admettant les conditions créées par la psychanalyse pour penser l'homme politique, une telle mutation de lieu serait l'abandon des catégories comme le bien et le mal et entraînerait la disparition de la notion de surmoi. Antigone dévoile cette réalité tragique en s'opposant à Créon au nom de la fidélité éternelle de l'histoire qui l'a faite fille d'Œdipe et sœur de Polinices.

Le destin d'Antigone est connu et montre que la relation de la vérité avec le lien social est douloureuse, tout en amenant la Cité à la ruine. La vérité et la mort, en tant que figures freudiennes du ratio ne sont pas partageables, ne sont pas transmissibles, puisque seuls les idéaux et les croyances sont transmissibles d'une génération à l'autre. Freud le mentionne clairement dans *Malaise dans la culture*, en indiquant que l'homme ne connaît que les voix de l'amour et de la haine. Elles sont les passions de l'être, et les éradiquer de la vie de l'homme équivaudrait à annihiler l'homme même. Toute visée inverse ne ferait que montrer un seul désigne : *rendre fou l'Autre*.

En ce qui concerne le pouvoir des formations « affectives de l'illusion », Freud définit la situation du ratio et rend dialectique le pouvoir de ces formations affectives et leur caractère imaginaire. Pour Freud, il s'agit de « dialectiser » le sensible. L'effort consiste à fabriquer d'autres images et à introduire en elles la division et le mouvement, l'émotion et la pensée qui les conjuguent dans une autre articulation : articuler la représentation avec les affects, l'Idéal avec le refoulé, le sublimé avec le symptomatique.

La représentation de la politique, et de ses pouvoirs redevient possible dès lors que l'on accepte d'introduire la division dialectique, c'est-à-dire la traduction du registre négatif qui agit de manière dynamique dans la pensée. Mais comment faire ? Dans chaque mode d'opération de l'histoire, on doit présenter les images qui apparaissent et se brisent à l'instant même où est donnée la tâche cogitative[89]. Cette fragilité de la fonction de penser, face au pouvoir des certitudes imaginaires qui sont portées par la politique de l'illusion, doit interroger la mémoire et le désir des peuples. Cela façonne un avenir différent soutenu par un effort émancipateur à contre-courant des sens qui sont transmis par les illusions religieuses, comme pour les conceptions les plus radicales de la démocratie libérale.

Pour ce qui est de la question politique, le registre négatif de la pensée devrait faire jouer la représentation des peuples contre eux-mêmes. Pour Freud, cette consigne peut fonctionner selon une méthodologie particulière : ce que la recherche psychanalytique capte dans les phénomènes du retour du refoulé ainsi que dans les différences d'optique afin de considérer l'opposition entre la vérité matérielle et la véracité des aspects historico-conjecturaux. Au moyen de la reprise de la tradition, et de la vérité qu'elle transmet, par les lambeaux qui n'ont pas

---

[89] W. Benjamin, *Sur le concept de l'histoire*, Paris, Payot, 2013.

succombé au refoulement, mais qui portent cependant sa trace, Freud dessine l'essence de la consigne des images pour la situation du peuple juif. Ces images travaillent pour représenter l'essence d'un peuple. Mais un peuple qui se pense figuré devient forcément un peuple imaginaire, comme si le pouvoir des images le rendait finalement illusoire.

Freud construit une dialectique du sensible qui met en question le pouvoir des images, c'est-à-dire un questionnement qui ordonne autrement certaines correspondances entre ce qui a trait aux liens générés entre le domaine des représentations et la vie des affects. La vie des représentations fonctionne comme un domaine de figuration qui enjoint le monde, mais qui n'est pas susceptible d'être compris s'il n'est pas analysé dans sa relation avec les affects. Dans un premier temps, les affects créent le corps des identifications précoces, d'où la possibilité d'une figuration de la morale, de l'éthique et de l'illusion. La nostalgie de la protection est la conséquence de l'introjection de l'agression active transfigurée par le moyen du refoulement. L'agression active et la culpabilité, qui en est le résultat, sont les éléments qui construisent le corps nodulaire de ce que la psychanalyse annonce autour de l'ambivalence de sentiments. La nostalgie, qui exprime de manière plus tardive des représentations construites par la religion, est déjà pour Freud l'un des affects qui ont été traités par la voie de la représentation. Le pouvoir évocateur de ces formations affectives et représentationnelles permet de les intégrer à la dimension mythique du récit unique, agent susceptible de mettre en place des formations totales pour les significations qui doivent s'intégrer à l'histoire de la vie humaine.

Tous les affects ne transitent pas vers ces formes d'évocation picturale. Un nombre important n'est pas incorporé à des récits universels, certains peuvent développer un ton d'incertitude à partir duquel la pensée exécute ses actions critiques (pour ainsi placer cette pensée dans un état de deuil par rapport aux attentes de figuration illusoire). Cette capacité de penser selon la logique du deuil de l'entendement place le sensible dans un état de partition, de telle sorte que le partage du sensible situe l'hétérotopie de l'histoire des affects et leurs représentations. Les hétérotopies mettent en œuvre « une sorte de réponse à la fois mythique et réelle de l'espace dans lequel nous vivons »[90], elles possèdent le pouvoir de juxtaposer plusieurs espaces dans un seul lieu réel, plusieurs localisations elles-mêmes incompatibles.

Or, le récit politique du monde moderne, de ses fictions et de ses institutions, est, à bien des égards, un exemple de l'absence de cette contestation, car il a donné lieu à l'une (des) symbolisation(s) du sujet politique, ce qui aboutirait à l'une (des) affectation(s) généralisée(s) de la subjectivité politique. La participation à la vie politique n'est plus un bien inhérent au citoyen - comme en témoigne Freud lors de son analyse du peuple juif -, celle-ci tend à être considérée comme un élément extérieur à sa propre individualité, en renforçant le sentiment de massification dans l'anonymat. (Des) subjectivation du monde moderne qui permet de parler en toute propriété du malaise contemporain. Malaise qui fait jour indéniablement dans l'infantilisation des citoyens, dans la relative maternisation du pouvoir et dans la (des) institutionnalisation des liens sociaux, familiaux et sexuels.

---

[90] M. Foucault, *Dits et Ecrits* (1954-1988), vol. IV, 1980-1983, Paris, Gallimard, 1994, pp.275- 277.

La disparition des frontières symboliques qui bâtissent les rapports entre la justice et la loi (facteurs favorables des conditions réelles de la démocratie) entraîne la fin de l'ouverture d'un « accord fondamental », en ce qui concerne notre tradition politico-culturelle. Cette disparition de nos frontières symboliques a conduit à ce que les discussions politiques aient dû déplacer la discussion autour de la « question sociale » pour en venir à des questions plus variées, dites de société. Cette disparition prend plusieurs aspects, modifiant toute représentation d'un idéal démocratique. Ces modifications des idéaux, qui traduisent en même temps le lien paradoxal entre la politique, la justice et le droit, expriment aujourd'hui les « politiques de l'inconscient » dans leur aspect illusoire et fictionnel.

Ces « politiques de l'inconscient », liées à des phénomènes de diverses natures sont difficiles à analyser à partir d'un même prisme d'étude. Toutefois, elles sont regroupées dans le rêve d'un pouvoir à l'abri des conflits, de la disparition des frontières entre le public et privé, de l'incarnation maternelle de la puissance publique et dans la mise en place d'un présent perpétuel comme le temps de la politique.

Ces différents éléments délimitent parfaitement ce que l'on pourrait appeler les « formations politiques de l'inconscient » dans la mesure où elles évoquent des problématiques connexes à celles de la psychanalyse et de la politique. C'est ainsi que l'on observe parmi les gouvernés épuisement, méfiance, désespoir et la fin d'une conception héroïque du chef et de ses promesses. D'autre part, en ce qui concerne les dirigeants et les gouvernants, on peut constater une certaine desidéalisation de la chose publique, l'affaiblissement de leur rôle comme représentants de la voix du peuple. On peut aussi mentionner l'important manque d'intérêt pour toute cause n'apportant pas de richesses, souvent suivie d'un enrichissement ayant pour seule base la corruption. Conformément à cela, on reconnaît l'actualité de la discorde entre les représentations politiques et le malaise social. Les inquiétudes concernant les hiérarchies de la Cité sont aujourd'hui un déficit de symbolisation des vertus et des idéaux qui ont conduit à une désaffectation politique par le biais de fortes perturbations sur le plan de la subjectivation des collectivités. Ce qui est digne, souligne Platon, sera toujours soumis au risque du déclin, et c'est ce déclin qui démembre toute fonction du politique. Car comment considérer aujourd'hui une réflexion sur le politique, dans le contexte des effets de l'effondrement des références symboliques ? Dans le contexte actuel de nos démocraties, comment interroger ce qui doit être donné et ce qui doit être reçu sur le plan politique ? Est-il possible de hiérarchiser les espaces publics, les libertés et les rôles dans le cadre d'une (des) idéalisation(s) généralisée(s) de la politique ?

Les relations de la psychanalyse avec la politique commencent à partir du moment où les formes historiques du récit politique permettent la lecture du versant inconscient de cette histoire. Pour Lacan, ce rapport ne peut être exercé qu'en prenant en compte la dimension du réel et du semblant, la fonction paternelle et maternelle, le rôle de la parole et de l'ordre symbolique, la relation entre la politique et la mort. La conception que se forge Lacan sur la politique est précise : il s'agit de l'irruption incessamment réinitiée du réel dans le discours, c'est-à-dire dans le semblant. Lacan pense qu'il n'y a pas de politique qui ne soit pas du semblant. Ce qu'il appelle, dans le cadre de son enseignement, l'avènement du réel et qui ne peut que transformer le discours politique, qui évoque une ressemblance pour en adopter un autre. En effet, pour le sujet parlant, l'illusion est constitutive de l'identité et de la place que chacun occupe au sein des relations sociales. Le rêve de faire « Un » assure le bien-être : former une unité est la seule garantie de l'être. C'est cette unité qui permet aux couples de se former, avec l'amour comme l'ingrédient principal des groupes et des sociétés afin de faire triompher l'idée d'unité, qui relie ceux qui restent séparés.

Aucune institution humaine ne peut s'autofonder. Une époque qui dissimule la réflexion sur le rôle de la mort et de la violence dans les processus historiques de la subjectivation des collectivités humaines est une période d'esclavagisme. Si l'on occulte cette dimension tragique de la guerre et de la mort, on ne fait que procéder selon la logique de l'État maternel. De nos jours, le risque élevé n'est pas la figure d'un État total, mais celui d'un État nul. C'est ainsi que le premier élément d'une politique qui ne méprise pas l'exercice de la fonction symbolique est le suivant : contre le nihilisme, il faut affirmer qu'il existe des valeurs et que toutes les valeurs doivent être hiérarchisées et différenciées et correspondre à la sphère publique ou privée.

Il faudrait envisager une réinvention du politique qui permette de développer une nouvelle écriture du scénario décrit par Freud à propos du malaise de la civilisation. Ces productions théoriques datent des années 1919-1930, lorsque Freud pensait le lien politique comme un lien paternel. Les foules qu'il analysait s'inscrivaient dans un contexte d'extrême verticalité concernant un imaginaire paternel fondé sur l'identification à un leader. Aujourd'hui, on retrouve des identifications répandues sur le territoire de l'horizontalité, un imaginaire maternel où l'espace de l'amour maternel semble avoir pris la place de la loi. Conformément à Lacan, il est indispensable de comprendre que les modes d'agglutination politique ne correspondent plus à une logique classique d'individus en masse derrière un chef de file, dans la position idéale du moi, mais à des individus fiers de leur individualité et dans une même jouissance autour d'un objet partiel qui diffère d'une communauté à l'autre. Ce deuxième schéma n'est pas plus favorable à la démocratie que le schéma traditionnel de l'identification. Enfin, il faut dire que comme un père qui cède dans son autorité est parfois le contraire d'un père faible, une mère qui renonce au don illimité n'est en rien une mauvaise mère. Un gouvernement qui renoncerait à une partie de son pouvoir tout en laissant aux citoyens une autonomie plus large permettrait de rétablir la puissance publique, aidant la démocratie à s'orienter, dans la mesure du possible, dans l'espace et dans le temps.

Chapitre II

« LES FONDEMENTS NÉGATIFS DE LA FICTION POLITIQUE, SON INSTITUTION ET LES POSSIBILITÉS DE SA DESTRUCTION »

II.1. - Le problème de l'autonomie de la pensée et de l'action politique dans le domaine de l'émancipation des collectifs humains ; la pratique politique de la violence et de la haine

En 1945, Paul Valéry écrit, dans *Fluctuations sur la liberté* :

> Liberté : c'est un de ces détestables mots qui ont plus de valeur que de sens ; qui chantent plus qu'ils ne parlent ; qui demandent plus qu'ils ne répondent ; de ces mots qui ont fait tous les métiers, et desquels la mémoire est barbouillée de Théologie, de Métaphysique, de Morale et de Politique ; mots très bons pour la controverse, la dialectique, l'éloquence, aussi propres aux analyses illusoires et aux subtilités infinies qu'aux fins de phrases qui déchaînent le tonnerre.[91]

Fluctuations, tel est le terme employé par l'auteur pour faire référence à la liberté, sans deviner la portée qu'auraient plus tard ces mots dans l'analyse des phénomènes liés à la modernité. En effet, Valéry trace une

---

[91] P. Valéry, *Regards sur le monde actuel et autres essais*, Paris, Gallimard, folio essais, 1945, p. 55.

ligne de travail qui devient, à l'époque, une critique perspicace des effets déchirants de la modernité, même si le texte de 1945 semble s'en éloigner. Valéry propose une lecture subtile de ce monde-là – qui fait aussi partie du nôtre –, car on peut dire que le contexte de cette phrase ne devient significatif qu'à partir d'un élément qui joue le rôle de l'absence, une absence pouvant constituer le matériel pour formuler un questionnement sur la liberté et ses fluctuations. Cet élément est la *question politique.*

Valéry introduit plus tard cette problématique dans ce même texte, en signalant : « *politique et liberté s'excluent, car politique, c'est idoles* »[92]. N'oublions pas que le sens de ces expressions n'est pas celui d'un refus absolu de toute idée du politique et de sa palette de formes d'expression, car l'auteur entend replacer sa signification à l'intérieur de la modernité. Ainsi, si la politique est scène d'idoles, la liberté devient quelque chose d'externe. Mais où va-t-elle donc habiter ? Quelle direction prend-elle ? Quel est le corollaire de la liberté dans son rapport aux passions et à la cité ? La réponse à certaines de ces questions doit tenir compte de réflexions sur les liens existant entre la liberté et le lieu où se déploie la vie des hommes (*polis)*, en s'interrogeant sur le rôle qu'y jouent les passions politiques.

Si l'on examine de plus près la première phrase de Valéry, on observe que la liberté est sujette à des fluctuations et que sa réalité dans la modernité devient un problème, un inconvénient que révèle la métaphore sonore que Valéry fait sienne : « ... *la liberté, un de ces détestables mots qui chantent plus qu'ils ne parlent* ». Comme si Valéry pouvait déjà être témoin de l'inclusion

---

[92] P. Valéry, *Idem,* p. 67.

de la voix (*zoe*) dans l'éminent registre des calculs et des prévisions du pouvoir. La liberté a cessé de parler pour reproduire, à l'intérieur du social, la voix éradiquée par les anciens. C'est ainsi que Valéry peut entendre une voix qui apparaît peut-être cette fois pour mettre en lumière le fait que le problème n'est pas la liberté, mais plutôt la compréhension de la vie et de sa voix dans la scène sociale construite par les hommes.

M. Foucault [93] s'est penché sur ces problèmes au moment de parler de biopolitique, en montrant les formes dessinées par la politique moderne pour intégrer le corps de l'homme nu (*zoe*) à la complexité de la polis (*bios*). La caractérisation de cette politique moderne ne relève pourtant pas uniquement de l'inclusion, en tant que forme de domination, de la *zoe* à la polis, ni du fait que la vie en tant que telle devient une procédure de calculs et de prévisions du pouvoir de l'État. La vie nue, située au départ en marge de l'organisation politique, finit progressivement par coïncider avec l'espace politique, où exclusion et inclusion, extérieur et intérieur, *bios* et *zoe* entrent sur un territoire d'indifférenciation irréductible.

Si quelque chose peut alors distinguer la démocratie moderne de la démocratie ancienne, c'est qu'elle se présente subitement comme la revendication et la libération de la *zoe* et qu'elle cherche en permanence à transformer la vie nue en une nouvelle forme de vie, peut-être pour trouver un *bios* de la *zoe.* Cette considération rend entièrement problématique la vision aristotélicienne de l'homme, considéré comme quelque chose de plus

---

[93] M. Foucault, *L'herméneutique du sujet*, Cours au Collège de France (1981-1982), Paris, Seuil, 2001.

qu'un animal vivant, dans la mesure où il serait capable, contrairement aux autres, d'une existence politique.

> C'est pourquoi il est évident que l'homme est un animal politique plus que n'importe quelle abeille et que n'importe quel animal grégaire. Car, comme nous le disons, la nature ne fait rien en vain ; or, seul parmi les animaux l'homme a un langage. Certes la voix est le signe du doucereux et de l'agréable, aussi la rencontre-t-on chez les animaux ; leur nature, en effet, est parvenue jusqu'au point d'éprouver la sensation du douloureux et de l'agréable et de se les signifier mutuellement. Mais le langage existe en vue de manifester l'avantageux et le nuisible, et par suite aussi le juste et l'injuste. Il n'y a en effet qu'une chose qui soit propre aux hommes par rapport aux autres animaux : le fait que seuls ils aient la perception du bien, du mal, du juste, de l'injuste et des autres notions de ce genre. Or avoir de telles notions en commun c'est ce qui fait une famille et une cite.[94]

La place de la polis est située dans le passage de la *voix* au *langage*, il s'agit du lien entre la vie nue et la politique, à l'instar d'une définition métaphysique de l'homme en tant qu' « *être vivant doté de langage* ».

Comme le souligne Agamben, cette exclusion de la *voix* par rapport au langage et à la formation de la polis ne pourra jamais obéir à une formulation de sacrifice absolu, car la *voix* comporte quelque chose qui ne peut pas être sacrifié, de sorte qu'elle est toujours présente et incluse dans la *bios*. Il s'agira alors d'une exclusion dans l'inclusion, qu'Agamben met en évidence dans les figures obscures du droit romain. Ceci sera matérialisé par sa

[94] Aristote, *Les politiques*, (I, 2, 1253-a), Paris, Flammarion, 1993.

présentation de la figure de l'*homo sacer,* qui ne peut pas être sacrifiée.

Ainsi, Agamben signale que le couple catégoriel décisif de la politique occidentale n'est pas ami-ennemi, mais vie nue-existence politique, *zoe-bios*. La politique existe parce que l'homme est l'être vivant qui, par le langage, sépare et oppose sa propre vie nue et reste parallèlement en rapport avec elle dans une exclusion inclusive. La *voix* est vie nue, déploiement du vivant, ce qui n'est pas inscrit dans un monde symbolique protégé par l'exercice de la langue. Mais cette *voix* n'est pas seulement nue, elle est aussi muette et permet, par l'absence et l'exclusion de la fonction focale et auditive, que les corps deviennent des corps ventriloques, reproducteurs de significations culturelles et fabricants de quelque chose d'humain. Mais lorsque la voix est comprise dans un domaine de réflexion plus vaste, comme le sacrifice d'un corps pour l'émergence d'énoncés signifiants de type langagier, on assiste à l'apparition de possibilités de représentation de la réalisation de fantasmes d'unification. Un corps qui devient une voix unique et peut donc s'émanciper des autres. Le fantasme toujours réalisable de la cohésion et de l'harmonie.

Si l'on tient compte des éléments susmentionnés, il n'est pas surprenant de découvrir l'implication de la *voix* dans cette formulation d'un corps collectif unifié. Si nous restons fidèles à ces propos, la politique se chargerait alors de préserver cette union, malgré les tensions qui surgiront inévitablement. La passion politique devient alors gestion de la cité et de l'ordre, la politique restant, du point de vue étymologique, la « *gestion de la cité* ».

J. Rancière offre un point de vue différent : c'est dans l'apparition de ces divisions que la politique trouverait son origine. Si cette division est à l'origine de la politique, la subjectivation de nature politique est donc faite de la distance de la voix au corps, de l'intervalle entre les identités. Le processus de l'égalité est donc, pour Rancière, celui de la *différence.* La différence n'est toutefois pas la manifestation d'une identité différente ou le conflit entre deux instances identitaires. Le lieu où se manifeste la différence n'est jamais le propre d'un groupe ou de sa culture. Il s'agit plutôt du *topos*, du lieu d'une *argumentation.* Le lieu d'exposition de ce topos est un intervalle. La place du sujet politique est ainsi un intervalle, une faille : un être formé conjointement, comme être-entre : entre noms, identités ou cultures. « Il y a politique et pas uniquement domination parce qu'il y a un mauvais calcul sur les parties de l'ensemble »[95].

Si la subjectivation politique est, selon Rancière, moins présidée par la constitution de l'union que par la division sociale, ses fondements se trouveraient moins dans l'amour de l'union (des citoyens, de la nation, de la république) que dans la haine de la division. Ainsi, l'obsession de l'union (de la république unique et indivisible) ne serait en réalité que le corollaire de cette haine de la division. La passion publique en tant que passion politique s'exprime ici selon un autre registre de coordonnées. On trouve une idée semblable dans le livre *La cité divisée*, de Nicole Loraux[96], où dans le contexte de l'antiquité grecque, une ville est terrorisée par la division. Tel que l'explique Loraux, des lois apparaîtront dans la cité pour imposer l'oubli des causes de cette division. Le terme même de démocratie est évité, parce qu'étant formé

---

[95] J. Rancière, *La Mésentente : politique et philosophie*. Paris, Galilée 1995. p. 25

[96] N. Loraux, *La cité divisée*, Paris, Payot, 1997.

par la racine *Kratos,* qui signifiait domination et par là, victoire, il présupposait la scène d'un conflit préalable. L'on évitait ainsi d'écraser des tendances irréfrénables pour la cité. Ainsi, si les passions nous poussent à nous interroger sur leur place dans la polis, l'évitement et l'oubli du conflit se trouvent dans les débuts de la politique.

Loraux montre que cette dialectique du lien social forgé dans l'évitement exprime avant tout la solution d'une déliaison, dont témoigne l'étrange ambivalence apparente du mot grec employé aussi bien pour la réconciliation que pour la rupture, *Dialuo*. Notons que la réconciliation ne peut agir que par le biais de la rupture (je me réconcilie, je romps, je renonce). Ou peut-être aussi, comme s'il fallait dissoudre ce qui n'est pas nommé, *la haine, la division.* Dans ce cas, le lien le plus fort, extrêmement pressant et qu'il ne vaut même pas la peine de citer serait celui qui défait la ville. Pour comprendre la subjectivation politique comme un processus d'émancipation, il faudrait donc se consacrer à délier ce qui dissocie. Ce qui sépare devient alors quelque chose d'extrêmement puissant. La haine de ce qui peut diviser peut ainsi devenir le fondement de la politique, non pas en tant que recherche de ce qui nous unit, mais plutôt dans le sens de l'évitement de ce qui divise. Cette division est en effet justement incluse dans son évitement. La haine de ce qui divise préexiste en amont de l'amour de l'Un. Les logiques de la ville deviennent alors un reflet des processus de subjectivation psychiques, pour mettre en évidence que la première n'est que le revers de l'autre. En effet, en 1915, Freud pense la structuration du moi et le rapport que celui-ci entretient avec les objets.

La haine, en tant que relation à l'objet, est plus ancienne que l'amour ; elle prend source dans la récusation, aux premières origines, du monde extérieur dispensateur de stimulus, récusation émanant du moi narcissique[97].

Le rapport à une indifférence originelle est ainsi gêné dans un effort psychique vécu par le sujet comme un corps étranger en lui. Lorsque, par la suite, le langage fait irruption dans sa formation même d'impuissance pour combler ce déchirement originel ; en essayant de restituer chez le sujet le calme du narcissisme primaire et de calmer la haine au nom de l'amour, on pose la première pierre de la théorie des pulsions présentée par Freud cinq ans plus tard – représentée par l'affrontement mythique entre Eros et Thanatos. Les voix depuis lesquelles l'homme parle sont ainsi limitées par deux passions fondamentales, *Eros* et *Thanatos*. La pulsion devient l'image de la *zoe*, *phoné*, qui, exclue du monde de la *Vorstellung*, est incluse dans une exclusion qui devient inclusive. Le sujet devient alors passion amoureuse, vertige amoureux de la haine à la haine. Si elle devient institution des passions, la pulsion reste néanmoins exclue dans sa voix, mais prise en compte dans l'importance d'un travail langagier l'incluant pourtant à la cité pour appuyer l'évitement de ce qui divise.

Le risque d'exclure cette voix nue (*phoné*) dans les termes d'Agamben impliquerait une société où toutes les pulsions atteindraient un ordre érotique parfait, de liaison sans déliaison, ce qui se traduirait par la forclusion de la faute et l'instauration d'un ordre très analogue à celui des animaux. Sans déchirure, sans dénaturalisation. Étant donné que cet état n'a pas encore été atteint, le sujet reste

---

[97] S. Freud, « Pulsions et destins de pulsions », dans Œuvres complètes, Vol. XIII (1914-1915), Paris, P.U.F., 1988, P.184.

un symptôme. Selon l'expression de Valéry d'une liberté opposée aux idoles de la politique, il s'agit alors de savoir si, en tant que communauté de croyances, la civilisation peut se construire sur d'autres fondements que les illusions. D'autre part, au vu de la misère de notre monde athée, on peut apprécier la pertinence des propos de Malraux, qui annonçait que le XXIe siècle serait religieux ou ne serait pas. Dans cette phrase, l'adjectif « religieux » désigne la croyance illusoire, mais nécessaire pour tisser des liens entre les hommes. « *Socrates l'a prouvé. Seuls les idéaux et les croyances sont transmissibles et peuvent être partagés* ». [98] Freud met en évidence que l'homme parle sous un procédé d'instigation passionnelle, représentée par l'amour et la haine. En 1929, il explique dans le détail que la création de la culture se doit au sentiment de culpabilité, pièce maitresse du nouage entre l'amour et la haine. Évoquant la vision d'A. Badiou sur la constitution du lien social, en tant que lien fondé sur une déliaison fondamentale, Agamben signale :

> La déliaison ne doit pas être comprise comme dissolution d'un lien préexistant (qui pourrait avoir la forme d'un pacte ou d'un contrat) ; originairement, ce lien a plutôt lui-même la forme d'une dissolution ou d'une exception, dans laquelle ce qui est capturé est en même temps exclu. Le lien souverain, qui est en fait qu'une déliaison précède le lien de la norme positive ou de pacte social ; et ce que cette déliaison implique et produit – la vie nue, qui habite le non-lieu entre maison et cité – est, du point de vue de la souveraineté, l'élément politique originaire.[99]

---

[98] H. Rey-Flau, *Autour du malaise dans la civilisation,* Paris, P.U.F, 1998.

[99] G. Agamben, *Homo sacer, le pouvoir souverain et el vie nue*, Paris, Éditions du Seuil, 1997, p. 100.

Pour en revenir à la première partie et reprendre nos inquiétudes sur les métaphores sonores de Valéry, signalons que là où l'homme grec proclame une manière de voir le monde, dans l'analogie entre la cité et l'individu, nous voyons un fantasme, un fantasme du politique qui ; devenu constat clinique, peut être défini comme symptôme du social face à la problématique identitaire.

En assumant la forme d'un projet politique orienté vers l'extraction d'une *bios* pour la *zoe*, l'homme moderne a tenté de faire entrer ses requêtes les plus passionnelles dans le champ de la culture, ce qui a entraîné la naturalisation de la culture. Bien que Sénèque raconte que la lyre d'Orphée avait le pouvoir de désamorcer la violence, de calmer les vents et les marées, dans un monde où l'ordre et la beauté émergent comme suspension de toute castration et de toute passion, on peut considérer qu'au vu du dénouement du mythe, ce projet nous demande de réfléchir sur notre nature d'êtres politiques. Toute (des) intrication des pulsions humaines impliquera toujours un pas de plus en direction de la mort.

Ainsi, et si l'on tient compte aussi du contexte contemporain dans lequel s'inscrit la réflexion sur la politique, il sied de réexaminer certaines questions d'ordre éthique en lien avec l'idée du politique. Il s'agit de questions éthiques et non morales, en ce sens qu'elles n'exercent aucune sorte de conversion possible pour les phénomènes qui de nos jours, associent souvent la violence à la politique. Ce rapport est nécessaire pour tenir compte de deux phénomènes propres à la subjectivation politique : l'émancipation et la transformation. Nous comprenons que les notions d'autonomie et d'hétérogénéité autorisent la scène politique de la communauté, leur abolition étant la négation de la subjectivation, quelle qu'elle soit. Ces notions ne sont possibles que par un contexte de civilité permettant, pour le cas de l'autonomie, une idée d'émancipation, et pour le cas de l'hétéronomie, une idée de transformation. On peut voir dans ces nuances un imaginaire politique rendu possible par la reconnaissance de la réciprocité entre un soi-même et un autre. L'Autre scène du politique, en tant que violence naturalisée, se produit lorsque le principe de la réciprocité est repoussé par des conditions difficilement convertibles dans le contexte d'une politique du litige, du conflit, de la révolte et du dommage. Se posent alors les questions suivantes : Comment voir une idée de « *devenir sujet* » aux frontières de l'autonomie politique ? Comment inclure une idée d'hétéronomie, alors que l'Autre de la politique ne mobilise que cruauté et violence ? Pour ébaucher des réponses à ces interrogations, il faut d'abord réfléchir sur la possibilité du politique et les idées d'autonomie, de réciprocité et de cruauté. Le cheminement de cette réflexion doit fournir les éléments de compréhension nécessaires.

On peut affirmer que le politique est un agent de subjectivation, qui n'étant pas le fruit d'une entité en acte, ou la démonstration spécifique des valeurs d'un groupe, n'est que *différence*. À l'opposé du plan des « *actions politiques* »[100] en tant que lieu du propre (propre comme identité, communauté ou culture), le politique est un processus de subjectivation en tant que formation « *d'un soi* » qui n'est pas « *soi-même* », mais bien le rapport entre un *soi* et un autre. C'est-à-dire que c'est le territoire des conditions nécessaires au déploiement d'un imaginaire de civilité. C'est l'ensemble des conditions permettant, sur le

[100] Nous suivons ici les différentiations établies par J. Rancière sur les liens entre *la politique* et *le politique*.

territoire collectif, différents rôles et identifications (pouvant, de la famille à la communauté, aboutir à une certaine idée de l'État comme délégation du pouvoir). En ce sens, le politique ne peut pas être confondu avec l'action politique comme pratique d'autonomie, car elle s'inscrit toujours dans des réseaux d'appropriation et de (dés) appropriation subjective. Les conditions d'une politique dans la scène élargie de la civilité (autonomie et hétéronomie de la politique) requièrent la présence des acteurs politiques en tant qu'agents d'émancipation et de transformation, impliquant par leurs existences l'idée du litige que seul le politique rend possible.

De cette façon, penser l'autonomie du sujet politique n'est autre que penser le *se faire soi-même du peuple.* Il n'y a autonomie de la politique que dans la mesure où les sujets sont les uns pour les autres la source et la référence ultime de l'émancipation. L'idée de l'autonomie révèle en même temps que les hommes se font les porte-parole de l'universel, car ils se représentent eux-mêmes en admettant que cet acte de représentation pourrait être délégué dans une procédure d'ordre institutionnel (contrôlable et révocable). En ce sens, s'il existe un universel du politique permettant l'expression juste des actions politiques comme actions du propre et de l'identité, cette notion est justement celle d'égalité-liberté. Dire que tout homme se fait porteur d'une loi universelle (égalité-liberté) revient à dire qu'il est pris comme une mesure de cet universel, il est une fraction capable de faire valoir sa propre autonomie comme critère de l'émancipation générale. Tel est le discours qui se présente successivement dans la pratique politique des prolétaires, des femmes, des peuples colonisés (réduits en esclavage) ou des minorités sexuelles. Ces faits montrent en principe que toute histoire de l'émancipation n'est pas une histoire de la lutte pour des droits ignorés, mais bien l'histoire d'une lutte réelle pour s'approprier une jouissance de droits déjà déclarés comme des droits universels. Cela dit, la vie de l'émancipation politique est un combat contre toute idée de négation de la citoyenneté et il s'agit donc d'une *négation de la négation.*

Si l'on considère que l'autonomie politique fait partie du processus de subjectivation collective, elle définit, dans les espaces de la *négation de la négation*, la mise en acte de l'égalité ou du moins de son litige, faisant apparaître l'idée de lieu, l'idée de la rencontre et l'idée de la différence. Le revers de l'action de toute autonomie politique permet alors une appréciation claire de la dimension du politique, il *ne possède pas d'arkhè, il est fondamentalement anarchique*[101]. S'il est anarchique dans ses fondements, le politique peut créer des voies de subjectivation, en plaçant son projet sous l'égide d'une idée de la différence qui, devenue réciprocité, peut matérialiser une idée de civilité.

Ainsi, la notion de subjectivation politique ne peut être vue comme l'édification et la recherche de l'identitaire, ce qui piègerait la discussion dans les oppositions entre le propre et l'impropre, l'universel et le relatif. La subjectivation est, nous y reviendrons, (dés) identification, (dés) appropriation, circulation d'un imaginaire civique. Dans cet espace de réciprocité, la logique de la subjectivation politique devient la topologie de l'hétérogène, à la lumière de laquelle on peut comprendre que le principe éthique de l'émancipation ne peut être accordé par aucune entité transcendantale ou externe aux sujets mêmes, cette logique doit être établie dans la reconnaissance de *l'impropriété du propre*. Nous nous

---

[101] J. Rancière, *Aux bords du politique*, Paris, Gallimard, 2004.

trouvons ainsi face à trois éléments de la subjectivation collective, si on la considère du point de vue de l'autonomie politique.

Premièrement, comme le souligne Rancière, la subjectivation politique n'est jamais la simple affirmation d'une identité, c'est toujours la négation d'une identité imposée par un autre. Rappelons les espaces et les actions politiques qui peuvent créer des communautés majoritaires par rapport à d'autres, ou encore les revendications des minorités pour leur émancipation. On pourra observer, comme c'est toujours le cas pour ces idées de réclamation et d'action, qu'il s'agit avant tout de la négation d'une identité imposée par un autre. Dans l'espace du politique, c'est une *logique policière*, pour reprendre les termes de Rancière, qui est mobilisée : une logique réclamant des noms exacts pour marquer l'assignation des gens dans leurs lieux subjectifs et productifs. C'est pour cela que la logique de la subjectivation politique est une affaire de noms propres et impropres qui, en tant qu'actions, s'articulent sur le plan de la *différence*.

Deuxièmement et à partir de ce qui précède, il faut tenir compte du fait que la subjectivation politique est *intention et démonstration*, et qu'une démonstration suppose toujours la présence d'un autre auquel on s'adresse (en tant qu'acte de politique d'autonomie), même si cet autre refuse les conséquences de cette action. La subjectivation politique est la constitution d'un lieu commun, même si ce lieu ou territoire n'est pas celui d'un dialogue ou de la recherche d'un consensus, comme le précise Habermas[102]. En d'autres termes, on pourrait relever que le véritable

---

[102] J. Habermas, *Rationalité de l'action et rationalisation de la société. Théorie de l'agir communicationnel* Tome 1, Paris, Fayard, 1987.

espace pour le consensus doit impliquer l'idée de la différence, en ajoutant sur ce même plan toute idée de *litige.* La *diction* de la langue des accords de l'homme politique, y dirige alors une révélation fatidique, car sa voix est en même temps l'évocation d'une *malé (diction).*

Troisièmement, et compte tenu de ce qui précède, soulignons que la logique de la subjectivation collective comporte toujours une identification impossible, soulignant l'impuissance de tout acte identificatoire pris comme un acte absolu (les grands récits du prolétariat, les discours des communautés émergentes). En ce sens, on peut affirmer que le prétendu grand récit du public et du prolétariat est lui-même constitué d'une pluralité de jeux de langage et de démonstrations, conduisant à une intrigue argumentative qui établit des rapports singuliers entre les voix. Ces voix désignent les lieux propres aux corps des agents politiques, en tant qu'articulation des lieux du propre et de l'impropre. On constate ainsi que la voix de l'autonomie politique est toujours une voix qui touche le corps : comment ce corps doit-il être reconnu dans un imaginaire social, que ce soit sur le plan économique (lieu désigné pour les hommes dans les modes de production), idéologique (identifications et rôles), ou sur le plan du désir (plus-value des objets et de la jouissance). Dès lors, il n'existe pas un même corps unique. La voix politique est donc une voix esthétique, car elle dessine des corps à l'image de l'égalité et de la liberté.

En ce sens, la vie de la subjectivation politique est formée par la distance entre la voix et le corps, qui en ce qui concerne l'acte d'une politique de l'autonomie, doit s'orienter vers la réduction de cet intervalle comme pratique émancipatoire. Toutefois, n'oublions pas que dans la réduction de cet intervalle, ce corps a tendance à s'établir comme la mesure d'un absolu (image d'une communauté comme le « *peuple du peuple* »), mesure qui n'est possible que sur le territoire de la différence. La différence prend ainsi la *négation de la négation* comme une affirmation, et la subjectivation ne peut être entendue comme une question d'identification. On ne peut comprendre le cœur de la subjectivation politique qu'à la lumière de l'idée selon laquelle tout processus d'égalité est celui de la *différence*. On ne peut pas avancer pour autant que la différence est l'affirmation d'une identité différente ou du conflit entre deux territoires identitaires. La différence est simplement le lieu même de sa manifestation, ce n'est pas ce qui est propre à un groupe ou à une culture. En d'autres termes, la différence est le lieu d'un argument. Un argument comme une manifestation de vie, d'organisation et de jouissance que chaque groupe d'individus tente de s'approprier selon une pratique de l'autonomie et de l'autodétermination collective. Ici, il ne s'agit plus d'une différence, mais de la création d'une voix d'ensemble.

La priorité que Freud accorde à l'action de la pensée par rapport aux formes préétablies qu'il décèle dans la « vérité » que tentent d'établir des formations religieuses est un exemple clair du fait que toute action politique doit être orchestrée par une idée d'autonomie. C'est ainsi que se dessine le rapport entre la politique et le politique. L'étude « psychologique » réalisée auprès du peuple juif montre les formes fondatrices par l'intermédiaire desquelles le politique exprime les conditions de cette autonomie. Bien que toute idée d'action politique doive se fonder sur une idée d'autonomie, il est tout aussi vrai que l'homme s'approprie de cette action émancipatoire sous des conditions déterminées. Comme le signale Balibar, les individus « *entrent en elles, car elles ont toujours été là*[103] ». Il n'est pas question que ces conditions qui explicitent la politique comme une politique conditionnée (dans le cas de Marx, les conditions économiques) abolissent l'action politique, entendue selon la perspective de ses présupposés universels (l'émancipation comme principe éthique), car ces conditions la définissent de manière intrinsèque et lui confèrent sa réalité.

Ces conditions matérielles faisant de la politique une action conditionnée définissent, sur le plan historique, le cours de l'individualité, elles l'influencent, créant ainsi un rapport d'interdépendance à l'égard du plan de l'autonomie. Pour en revenir à Marx, on constate que la vérité de la politique ne peut pas être recherchée dans sa propre conscience ou activité constitutive, mais plutôt dans le rapport qu'elle entretient avec des *conditions* et *objets* qui forment sa matière, en la constituant comme une activité matérielle. Ces conditions n'impliquent pas l'abolition de l'autonomie des sujets, car, tout comme la politique de l'émancipation des sujets, elle a pour but sa libération. Ces conditions sont vues par Marx comme des déterminants de tout acte émancipatoire, qui montrent que si le but est d'instituer l'autonomie des sujets, celui-ci devra s'inscrire sur le plan d'une autre scène de l'autonomie, pouvant s'ériger sur le sol concret des processus de l'histoire. Il n'y aura donc pas d'autonomie de la politique, comprise du point de vue de l'effectivité que peut lui donner la référence à des modèles idéaux et toujours métaphysiques, car cette autonomie doit découler du déroulement de cette conscience comme entité matérielle. *Il s'agit, en d'autres termes, du devenir nécessaire de la liberté.*

---

[103] E. Balibar, *Violence et civilité, Wellek Library lectures et autres essais de philosophie politique*, Paris, Galilée, 2010.

Cela dit, alors que la proposition de la politique comme acte émancipatoire se concentre sur des principes universels comme celui de l'égalité-liberté (origine transcendante toujours présente), la pratique politique marxiste pensée à l'aulne de l'hétéronomie de l'autonomie du politique se concentre sur la transformation interne des conditions matérielles qui limitent la liberté et l'autonomie de l'homme. Ces conditions dites « matérielles » renvoient au facteur économique vu comme l'autre de la politique, son Autre absolu. Penser la politique demande alors d'établir des procédures de court-circuit entre la politique et son Autre, ce qui est fait dans la double critique que Marx adresse à l'autonomie de la politique comme une pratique qui ne se concentre pas sur les liens matériels entre les hommes et leurs forces productives. Pour Marx, toute politique doit être révolutionnaire, car elle doit montrer les contradictions de l'économie. Le mouvement compréhensif doit alors se faire du non politique vers le politique, et non en sens inverse. Marx a vraiment pu conceptualiser que toute idée de transformation (variable éthique de l'hétéronomie) doit obéir à ses déterminants historiques, car toute considération des conditions structurelles d'une société doit avoir une histoire.

Cela dit, il est assez clair que la politique est développée par les sujets, sans oublier toutefois que c'est l'histoire du lieu structurel de l'expulsion de toute variable subjective. C'est dans l'histoire que l'on peut observer le domaine d'action de cet Autre, et que la politique en tant que révolution est amenée à transformer. En effet, c'est sur le plan de l'hétéronomie de la politique que la catégorie de sujet apparaît comme une contradiction. Telle que la comprend Marx, la subjectivation politique implique l'idée de la différence, évoquée plus tôt, comme la négation de toute identification possible. Si la subjectivation est l'individualisation collective qui se produit au moment d'un *changement*, vers la transformation des conditions matérielles, cette transformation est impossible sans l'idée de tendances et de contre-tendances. Elles s'affrontent et se nient dans un mouvement permanent de contradiction, révélant que ces mouvements peuvent être vus comme des oscillations de subjectivation et de (dé) subjectivation.

Ces conditions historiques et matérielles qui, selon Marx, définissent l'autonomie politique comme une pratique conditionnée (par l'actualité d'un cours historique) prennent néanmoins une nuance intéressante si on les appréhende dans un autre contexte, comme M. Foucault. Il est intéressant de noter, dans les propos de Foucault, qu'à l'heure d'examiner les rapports de pouvoir et la société, il s'agit surtout de se pencher sur les tensions entre l'autonomie du sujet politique et les conditions de détermination. Pour Foucault, les rapports de pouvoir sont *constituants*, alors que les formes sociales comme les règles de conduite sont *constituées*. Les rapports de pouvoir ne seront jamais pensés comme une volonté ou un conflit entre volontés, que celles-ci soient conscientes ou inconscientes. Cela provient de la dimension particulière que Foucault confère à la question du corps, car ce dernier est pensé comme référent ultime de l'individualité. Ceci s'accompagne évidemment du fait que les rapports de pouvoir (la sujétion) ne sont pas interprétés en termes de domination et de servitude (imposition de lois), mais comme des technologies matérielles et spirituelles qui forment les corps et les disposent pour certaines actions pouvant s'intensifier ou se neutraliser. C'est à partir de ces idées que, pour Foucault, l'action politique doit être pensée à la lumière d'une logique des *stratégies*, schéma général de l'anticipation et du contrôle des réactions de l'individualité adverse, ou de transformation de ces dispositions corporelles. Ses réactions pourront dès lors être prévisibles et contrôlables.

En considérant ainsi les rapports de pouvoir, on pourrait penser que la politique ne pourrait se loger que du côté des dominateurs, mais cette impression peut être balayée à partir du moment où la catégorie de *résistance* de Foucault fait son apparition. Tout pouvoir présuppose ainsi une résistance, ce qui jette le doute sur l'emplacement de ses limites. On ne peut pas pour autant déterminer la forme que peut prendre la libération de la liberté, lorsque ces rapports de pouvoir sont eux-mêmes des *rapports de domination*. Au sujet des résistances, cet élément constitue, dans la pensée de Foucault, une ouverture vers des problématiques ayant trait à une analytique des rapports de pouvoir, car tels que les présente Foucault, il semblerait qu'ils s'achoppent à un obstacle constitué par la problématique de leur dissymétrie. Ces dissymétries, d'après ce que l'on peut comprendre, ne seraient pas inversables. Elles pourraient même être considérées comme absolues. Cela susciterait un problème de taille face aux situations extrêmes, où les technologies du pouvoir en tant que techniques d'individualisation des sujets cèdent la place non seulement à un antagonisme global, mais aussi à une force nue, qui s'exécute dans l'ordre de la destruction et de la mort. Si seule la vie peut être gouvernée et régie ; seul un être vivant peut être discipliné pour devenir productif. Quid, alors, des questions relatives aux pratiques d'extermination massive ? Et du rôle qu'y joue la cruauté ? Ces interrogations amènent un ensemble de difficultés en lien avec les structures de domination.

On s'achoppe ici à une série de difficultés relatives au point de vue de Foucault sur la question politique, qui apparaît à l'heure de considérer les rapports de pouvoir dans la stagnation de leur réversibilité. Ceci fera apparaître une réflexion sur la participation des mouvements sociaux à la civilité et sur les pratiques de résistance face aux rapports de pouvoir invétérés. Apparaissent ici des éléments pour penser un impossible qui, ne pouvant être écrit entre les rapports de pouvoir et les pratiques de résistance, peut être appelé « *hétéronomie de l'hétéronomie de la politique* ». Quoi qu'il en soit, observons tout d'abord les réponses que donne Foucault au problème de cette dissymétrie non inversable.

Comme le fait remarquer Balibar, Foucault devrait être contraint de prolonger dans ce cas le temps du présent stratégique, où la dissymétrie des rapports de pouvoir conduit toujours à la possibilité effective et immédiate d'une inversion ou d'un déplacement. Apparaissent des structures de pouvoir qui, pour des raisons restrictives, légales ou normatives, ancrent le pouvoir jusqu'au plus profond des corps, de sorte qu'il ne puisse plus être à leur portée. Foucault ne peut répondre à ce problème que par le recours sporadique aux « mouvements sociaux », en observant que la variété de ces mouvements s'étend aussi aux rapports de domination qui peuvent se produire dans la société.

Cependant, si les pratiques de la liberté sont moins la condition préalable d'une domination (politique de l'autonomie) que d'un besoin surgissant d'un a posteriori, Foucault est poussé à examiner les technologies du moi. Il doit analyser (en tant que nouvelle difficulté), comment le rapport de moi à moi entre les sujets peut évoluer, et comment ces rapports peuvent finalement changer de régime jusqu'à atteindre l'infini. Sans entrer dans les détails relatifs à ces problèmes, notons que Foucault souhaite mettre en relief que tout ce qui ne dépend pas de nous (ici, la domination) est conditionné par tout ce qui a directement rapport avec nous-mêmes.

En examinant ces questions depuis la perspective des aspects éthiques qu'évoque l'idée d'hétérogénéité, nous avons pu apprécier, chez Marx comme chez Foucault, que des logiques d'appréciation spécifiques au problème de la transformation des processus sociaux sont à l'œuvre. Marx introduit la catégorie de l'hétéronomie comme l'Autre de la politique et note que l'homme ne doit pas transformer des catégories nouvelles, mais les productions matérielles face auxquelles il se trouve actuellement. Ceci contribue à l'idée d'un court-circuit de la question politique et de ses conditions. La politique doit être considérée depuis ces conditions historiques et matérielles et non à l'inverse. La pratique de la liberté devra être réalisée par les hommes, mais en se (dés) appropriant de leur autonomie d'action lorsque l'histoire montre ses effets depuis un espace extérieur à l'autonomie. Chez Foucault, cet espace extérieur produit un effet extrême lorsque les possibilités de résistance se voient réduites par la présence d'une dissymétrie non inversable, que les rapports de pouvoir peuvent développer comme les figures d'une violence nue. Cependant, elles prennent l'ensemble des tensions et des contre-tensions que le politique peut créer dans l'espace de ce que permet la civilité. En effet, elles développent une certaine lecture politique de l'autonomie, comme politique de l'émancipation, permettant aussi une appréciation de l'idée de l'hétérogénéité de la politique comme pratique de transformation.

Que l'émancipation de l'homme doive être considérée comme présupposé de toute action autonome (autodétermination des actions politiques) ou comme le devenir nécessaire de la liberté lorsqu'elle est conçue à l'intérieur de son propre mouvement, elle doit converger dans le sens de l'idée de civilité. C'est à cette pratique réelle de l'autonomie que fait allusion Freud lorsqu'il parle du pouvoir du *ratio*. Elle n'est pas utopique, car, s'inscrivant dans le temps et dans l'histoire, elle réalise la critique de ce qu'elle est à travers ce qu'elle doit *devenir*. Il s'agit de ce qui advient, mais en un temps réel, toujours soumis à un résultat incertain.

Outre ces scénarios d'articulation entre l'autonomie, la civilité, l'émancipation et l'histoire, peut-il exister des pratiques définissant des aspects différents pour penser l'exercice de la violence ? Des formes a-subjectales qui orchestrent un autre mode de compréhension pour la destruction et la cruauté ? La position de cet au-delà de la question politique, ou *hétéronomie de l'hétéronomie*, amène un grand nombre de questionnements. B. Ogilvie a élaboré en ce sens des propos intéressants pour la production de la cruauté dans le contexte des sociétés sur-modernes[104]. Les idées travaillées par Ogilvie consistent à considérer la place de la violence et de la cruauté d'un point de vue d'indistinction entre le naturel et le social, indistinction que l'on pourrait appeler « *altération des frontières* ». Altération de toute idée du politique, de toute idée de civilité et de réciprocité. Lorsque ces frontières s'effacent, une production d'anti-civilité, expression de la « *production de l'homme jetable* », apparaît. Cette production s'exprime dans les formes les plus variées d'extermination, de génocide, d'épuration ethnique et de confusion entre répression de la criminalité et assassinats collectifs. Une action destinée à rentabiliser et à recycler l'exclusion (trafic d'organes, d'enfants, prostitution

[104] Nous préférons l'expression créée par Augé pour qualifier ce qui a trait à la contemporanéité, car Ogilvie parle de « contexte de modernité ».

infantile). Ces expressions d'a-subjectivité fournissent un climat propice pour penser les antipodes des rapports de pouvoir, de l'autonomie et de la transformation des conditions matérielles de l'histoire et qui transforment toute idée de cruauté en un espace ultra-naturalisé.

Il s'agit d'une violence non convertie par les voies de l'expression politique. Un espace de non-existence de la revendication du droit à la condition politique, car il n'existe aucune possibilité de se penser et de se représenter comme sujets politiques. Violence sans cible, qui inviterait à penser un au-delà des formes de la cruauté, un au-delà de la pulsion de mort ? Freud a toujours pensé que les grandes forces de l'organisation sociale (*Eros*) ne pouvaient être considérées en dehors du travail réalisé par Thanatos, car cette dimension rend possible le transit depuis l'indifférenciation la plus archaïque jusqu'aux grandes institutions sociales, fruit d'un travail de différenciation psychique et collective. Le problème est que ces processus d'a-subjectivation dénaturalisent, en tant que dynamique entropique, la violence et la conduisent sur un plan de (dé) corporalisation de l'autre, d'une désaffiliation forcée du lui-même. Épuisement non seulement des conditions réelles et nécessaires pour penser la civilité, car celle-ci a trait à la condition humaine même et à ses sens fictionnels.

Fait irréductible, il convient de voir dans ces manifestations a-subjectales, des formes ou des figures extrêmes du politique qui, sans être une simple expression du mal, sont l'expression de la non-convertibilité de la violence. Il s'agit d'une réalité qui, située sur le plan de l'« *hétéronomie de l'hétéronomie de la politique* », ne peut ni ne doit être réprimée, ce que tente toute formulation relative au politique comme lien, justice et *logos*. Figure de mort non convertie par un « *faire de l'histoire* », par le biais du regroupement des violences individuelles en violences collectives, comme utilisation délibérée ou non pour la prise du pouvoir. En leur qualité d'actes de violence structurelle et convertie, elles peuvent devenir le moyen de toute émancipation et transformation politique. Violence naturalisée, cruauté dénaturalisée du social, qui, en fixant la limite des actions réciproques, du passage de la politique au domaine de l'histoire, s'érige pour instaurer un questionnement permanent sur la constitution du politique comme travail de transformation et d'émancipation. La condition tragique du politique repose sur ces formes a-subjectives, qui ne constituent pas son horizon opposé, mais ses piliers, en incitant la pratique de création que la pensée dirige vers l'organisation de nouveaux domaines de civilité.

II.2. - La pensée, le mal et la violence radicale

« Le mal est quelque chose de facile, il possède de multiples visages, le bien est quelque chose d'unique ». C'est en ces termes que Pascal fait référence au mal dans ses « pensées »[105]. C'est peut-être du fait de ces visages multiples que les considérations sur le mal doivent aborder une myriade de problématiques initiales. Il faut d'abord distinguer un certain mode de fonctionnement dans l'économie de la pensée lorsque l'on tente d'établir une conceptualisation sur le mal. En effet, nous nous trouvons face au défi d'esquisser une symbolique du mal, et à partir de cette dernière, d'observer les médiations possibles pour conceptualiser ses énigmes. Dans une première approche, tout semble indiquer qu'elle comporte la formule du scandale. Il suffit d'ériger l'expérience du péché, de la

---

[105] Pascal, *Pensées*, Paris, Nathan, 2010.

souffrance psychique ou physique, ou de l'expérience même de la mort pour comprendre que toutes ces figures soulèvent immédiatement une foule de questions. Celles-ci sont souvent regroupées sous la forme d'une seule interrogation : *qu'est-ce que le mal* ? La réflexion sur cette question nous pousse à développer des formes de résolution de ce qui est propre au mal et que nous qualifions dès lors de son *énigme*. Mais qu'entendons-nous par son énigme ? Quelles formes conceptuelles et d'action sont-elles les plus adéquates pour comprendre le mal ? Existe-t-il une logique pour penser à une justification du mal, de sorte à aborder ses énigmes selon des rapports de rétribution (tout mal ressenti est précédé d'un mal commis) ? Et aussi, comment comprendre qu'à une économie de biens et de maux doive s'ensuivre une résignation face à tout mal vécu ? Pouvons-nous de même essayer d'adopter une approche pour comprendre ce qui se dessine derrière le mal, en observant sa condition de radicalité extrême plutôt que son aspect originaire et célestiel ? C'est face à l'humain que nous trouvons le mal, et nous comprenons que nous n'avons même pas vécu toutes ses possibilités. Il suffit de penser aux multiples formes de l'assassinat et du crime, aux grands désastres, aux catastrophes qui plongent l'homme dans un état que l'on ne peut qualifier que de misère, nous plaçant dans un contexte d'impuissance pour dire le mal, dans une logique de l'excès de l'horreur et de faiblesse du mot.

Il n'est pas surprenant que dans cette insuffisance des mots pour nommer l'horreur, les images prennent la relève en illustrant cette logique de l'excès absolu, par un effet de réduction des formes opaques du mal, comme si le mal cessait d'être l'ombre du tableau et passait au premier plan, un plan constitué d'enfer et de flammes. Les peintures montrent des condamnés abandonnés à leurs propres terreurs, souffrant sur cette terre une multitude de châtiments. Ces derniers sont au départ réservés à l'enfer, mais l'œil de l'esthète peut les recréer sous la forme du spectacle de l'homme glouton, entouré d'immondices se déversant d'un tonneau et obligé à supporter la vue des actions monstrueuses qui se déroulent autour de lui (le jugement dernier de Bosch). Pensons aussi aux images d'Adam et Ève dans le jardin d'Eden, aux serpents, à l'arbre de la connaissance du bien et du mal. Toutes ces images symbolisent la tentation du premier péché. De même, on peut penser aux photographies de guerre, de camps en ruine, de décombres encore fumants, aux images de l'exode de populations déplacées, de malades et de populations mal nourries. Toutes ces images représentent à leur manière les différentes formes qu'a pu prendre le mal au cours de notre histoire : mal moral lorsque l'on parle de crimes ou de fautes commises par les hommes, mal physique lorsque l'on parle de la douleur et des souffrances ressenties, mal métaphysique lorsque l'on parle d'un mal inhérent à la nature des choses et que l'on voit comme un élément nécessaire de notre univers (Plotin et Saint Thomas).

Pourtant, peut-on dire qu'admettre les limites du langage pour exprimer et signifier le mal sous toutes ses formes (mal moral, mal physique, mal métaphysique, mal commis ou mal souffert) revient à faire la confession d'une faiblesse ? Ou de recherche d'une solution de simplicité ? Avouer cette faiblesse, c'est souligner le caractère aporétique de la pensée du mal, et reconnaître aussi que parler du mal ne suffit pas à élaborer une réponse irréfutable à toutes les questions qu'il amène. Ces éléments montrent qu'en essayant de *« dire le mal »,* nous n'y parvenons que par une symbolique du mau (dire) par des moyens indirects. En ce sens, P. Ricœur signale :

> « Il n'y a pas de langage direct, non symbolique, du mal subi, souffert ou commis ; que l'homme s'avoue responsable ou s'avoue la proie d'un mal qui l'investit, il le dit d'abord et d'emblée dans un sens symbolique. »[106]

Reconnaître que le mal constitue une problématique pour laquelle la pensée n'a pas de réponse ou de solution à proposer, c'est mettre en relief sa réalité aporétique, sans pour autant constituer une solution de simplicité. Aussi bien Bayle que Kant, Arendt et Ricœur montrent dans leurs approches du problème que la réalité du mal n'est autre que celle du « *scandale* ». Leurs positions mettent en lumière le rejet d'autres formes de considération finissant par « *justifier l'injustifiable* ». Il s'agit, en d'autres termes, de ce qui ne peut pas être placé à l'intérieur de l'économie de la pensée, ce qui évite que tout mal soit simplement considéré comme une privation. [107] C'est dans cette logique de l'excès et du scandale du mal qu'une réflexion sur le sens symbolique de son traitement devient possible. Ce traitement doit tenir compte a minima de deux formulations préliminaires ; en premier lieu, se demander si une justification du mal est une logique pertinente pour rendre compte de ses énigmes ; et en deuxième lieu, savoir comment, dans la méconnaissance des formes qui gouvernent le monde, la résignation face au mal prend forme. Ce dernier questionnement pousse à comprendre le mal comme la privation de biens existants (Saint Thomas), ou comme l'expression d'un rien (Saint Augustin).

---

[106] P. Ricoeur, *Le conflit des interprétations*, Paris, Seuil, 1969, p. 285.
[107] Voir les travaux de J. Nabert, *Essai sur le mal*, Paris, Cerf, 1997, Chapitre I, p. 56.

Cela dit, on trouve, dans le récit des souffrances de Job[108], le prélude à une justification du mal en tant que *justification de l'injustifiable*. Job, paroissien fidèle, est l'exemple du dévouement que tout homme doit avoir envers son Dieu, car sa conduite éthique et morale est irréprochable en tout temps. Pourtant, Dieu abat sur lui toutes sortes de maux ; la perte de la totalité de son troupeau, la mort de ses enfants, la perte de ses amis et une pauvreté accablante. Job accepte les maux qui s'abattent sur lui comme il a accepté les biens accordés par Dieu. « *Quoi ! Nous recevons de Dieu le bien et nous ne recevrions pas aussi le mal ! Répond Job à sa femme au moment où elle l'invite à maudire Dieu.* »

Le récit de Job est une narration dt les différents niveaux révèlent d'abord les tentatives de justification du mal, puis la résignation face à la volonté divine et enfin une figure du mal comme « scandale fondamental ». Job est peut-être l'exemple par excellence de la victime innocente, du juste souffrant, les maux qui s'abattent sur lui étant le symbole même du mal gratuit et injustifiable. Si ce récit des souffrances de Job permet d'aborder dans le détail le problème du mal et de présenter le mal comme un scandale, c'est parce qu'il nous place face à d'autres circonstances, outre celles qui accompagnent le mal commis par n'importe quel homme. En effet, Job souffre, même s'il n'a jamais péché et qu'il est de surcroît le plus vertueux des hommes aux yeux de Dieu. Il n'y a ici aucune accusation pouvant justifier la souffrance, il n'y a ni accusateur, ni accusé, mais une victime et son bourreau.

---

[108] Le récit de Job se trouve dans l'Ancien Testament, œuvre anonyme, mais attribuée par la tradition à Moïse, qui aurait connu Job lors de sa fuite de la Basse-Égypte.

Il n'y a aucune possibilité de châtiment, mais uniquement l'apparition de la lamentation[109].

« *Instruisez-moi, et je me tairai* », demanda Job à ses amis, « *Faites-moi comprendre en quoi j'ai péché, peut-être qu'ainsi la souffrance sera moins insupportable* ». Comprendre, en réclamant avec insistance, les raisons d'une telle malédiction, tombant sur celui qui n'a jamais osé contredire le désir de Dieu, celui qui a toujours été fidèle et qui n'a jamais péché, ne revient-il pas à tenter de justifier le mal ? [110] Justifier le mal ? C'est justement ce qu'essaieront de faire les trois amis de Job, Eliphaz, Bildad et Tsophar.

Faire appel à la providence ou à la sagesse divine pour justifier les souffrances de Job n'est qu'une solution parmi d'autres pour le « *scandale du mal* ». On pourrait aussi s'incliner face aux souffrances de Job et chercher à transformer ce pouvoir obscur, sans raison, en quelque chose d'intelligible et de rationnel ; dire que le mal existe en toute chose, non pas comme quelque chose de réel, mais comme *privation.* Dire que le mal existe dans la mesure où il est compris, preuve de l'ordre de l'intelligence et non pas quelque chose existant dans la réalité, et que le fait de le comprendre est en soi une bonne chose pourrait amener, du moins pour la raison, un élément calmant. À ce propos, Saint Thomas signale : « *Par le seul fait d'être compris, on peut dire que quelque*

---

[109] Voir P. Ricoeur, « Le scandale du mal », Revue Esprit, juillet-août, 1998.

[110] Il est important de souligner que, dans l'interlude de ces réclamations, Dieu ne répond jamais de manière directe aux sollicitations de Job. Étant donné les réponses que Dieu donne par la suite aux plaintes de Job, ce livre est considéré comme l'un des plus difficiles de l'Ancien Testament.

chose est un être de raison, qui est bon, car il est bon qu'une chose soit comprise »[111].

Qu'une chose puisse être comprise peut-être un fait satisfaisant pour la raison, mais laisse entièrement ouverte la question de la souffrance et du mal subi. C'est dans cette question laissée ouverte que s'infiltre la limite des explications rationnelles sur l'énigme du mal, où l'homme peut prendre conscience des illusions finalistes dans lesquelles il vit, et peut comprendre que le mal n'est pas réel. C'est dans cette limite que la présence de l'autre prend forme comme une expérience de délimitation. Car la présence de la souffrance de l'autre est précisément ce qui rend caduque toute théodicée. C'est dans la souffrance et la misère de l'autre que nous trouvons la limite de la justification et le début de la sécularisation du mal. C'est sous la figure de l'autre que s'ouvre la recherche des formes de la domination, du génocide et des formes d'exploitation de l'homme par l'homme. Lévi-Strauss croit trouver l'une de ces images à Calcutta.

> Qu'il s'agisse des villes momifiées de l'Ancien Monde ou des cités fœtales du Nouveau, c'est à la vie urbaine que nous sommes habitués à associer nos valeurs les plus hautes sur le plan matériel et spirituel. Les grandes villes de l'Inde sont une zone ; mais ce dont nous avons honte comme d'une tare, et que nous considérons comme une lèpre, constitue ici le fait urbain réduit à son expression dernière : l'agglomération d'individus dont la raison d'être est de s'agglomérer par millions, quelles que puissent être les conditions réelles. Ordures, désordre, promiscuité, frôlements ; ruines, cabanes, boue, immondices ; humeurs, feinte, urine, pus, secrétions,

[111] Saint Thomas, *Questions disputées sur le mal*, trad. Moines de Fontgombault, Nouvelles éditions latines, 1992.

> suintements : tout ce contre quoi la vie urbaine nous parait être la défense organisée, tout ce que nous haïssons, tout ce dont nous nous garantissons à si haut prix, tous ces sous-produits de la cohabitation, ici ne deviennent jamais sa limite. Ils forment plutôt le milieu naturel dont la ville a besoin pour prospérer.[112]

Plus tard, il ajoute :

> Que celui qui voudrait en rire ou s'irriter prenne garde, comme devant un sacrilège. Ces gestes grotesques, ces démarches grimaçantes, il serait vain de les censurer, criminel de les railler, au lieu d'y voir les symptômes cliniques d'une agonie. Une seule hantise, la faim, inspire ces conduites de désespoir.[113]

L'impossibilité d'imposer une distance face à ce type de souffrance nous oblige à prendre conscience des limites du discours de la justification : c'est le face-à-face avec l'autre qui doit nous permettre de ne pas nous éclipser dans l'indifférence. Peut-on alors affirmer que la souffrance est la juste rétribution d'un mal commis ? Ou est-ce le fruit de notre ignorance de la providence divine lorsque nous sommes altérés par nos tendances égoïstes ? La détresse de l'autre doit nous conduire à nos obligations et à nos responsabilités, même si ce type de discours a ses propres limites et carences, car la question pourrait être : jusqu'où serions-nous capables de partager et de comprendre la souffrance de l'autre ?

Nous pourrions néanmoins ajouter à cette lecture une formulation plus humaine, selon laquelle le mal est une

---

[112] C.Lévi--Strauss, *Tristes tropiques*, Paris, Plon,1955, p.151.
[113] Idem, p.152

situation radicale et non pas originaire. Ainsi, si le mal est radical et non pas originaire, il peut être sécularisé, inséré dans les évènements historiques, politiques et juridiques. Situer le mal au sein même de la condition humaine, c'est le penser comme une figure de l'inhumain dans l'humain, c'est admettre qu'il constitue un problème incontournable, concernant sans exception tout ce qui est humain. Il ne suffit pas d'admettre le caractère aporétique de la pensée du mal, car il faut mesurer sa radicalité. Le fait même qu'il découle des racines de l'humain entrave effectivement toute compréhension ou justification. « *L'obscénité absolue du projet de comprendre* ». Obscénité qui, sans être un silence face à l'horreur, mobilise un certain travail de symbolisation de l'absent, en contre-produisant en dehors de son économie la « *banalité du mal* ». Par cette banalité, Arendt n'entend ni une théorie, ni une doctrine, mais quelque chose de complètement factuel, un phénomène commis à une escale gigantesque et ne pouvant être associé à aucun type de mal en particulier. Cette banalité ne pourrait pas non plus être liée à une pathologie ou conviction idéologique de l'agent, qui se caractériserait par une superficialité extraordinaire[114].

L'armature conceptuelle depuis laquelle Arendt peut parler de « *banalité du mal* » doit être comprise dans le contexte de sa lecture politique de la *Critique de la faculté de juger* de Kant[115], et plus particulièrement de la notion de « *sens commun* », condition de la communication entre les hommes. Par l'expression de ce « *sensus communis* » ; on doit comprendre l'idée d'un sens commun à tous. La

---

[114] H. Arendt, *Considérations morales*, trad. M. Ducassou et D. Maes, Paris, Rivales, 1999, p. 25.
[115] Voir notamment, *Juger, sur la philosophie politique de Kant*, Paris, Seuil, 1991.

faculté de juger tient compte du mode de représentation de tous les autres humains, afin de fonder leur jugement sur la raison humaine. L'espace en dehors de ce travail de symbolisation et de jugement est constitué par le mal devenu banal. Rejeter le travail de la pensée, c'est rejeter la place de tout autre être humain. Céder face à la facilité de l'absence de pensée revient à s'éloigner irrémédiablement de la *réalité*, mais aussi de la *souffrance*. En d'autres termes, c'est devenir indifférent au mal, devenir incapable de s'y opposer et d'y résister. Ce qu'il y a de monstrueux et d'horrible (*Unheimlich)* ne peut être représenté que lorsqu'une symbolique de la pensée se met en mouvement, lorsque l'économie même de son fonctionnement l'intègre pour le rejeter ensuite.

On peut ainsi observer comment l'activité de la pensée participe à une élaboration possible du mal radical, ce qui suppose l'expression d'une représentation fondée sur le « *sensus communis* ». Face à la violence extrême, l'action de ce « sens communautaire » doit s'arrêter sur certaines précisions de rigueur pouvant aussi nommer les aspects essentiels de la violence.

Les manifestations de la violence sont plurielles : violences cachées, suicides, génocides, violences légitimées et non légitimées, individuelles, collectives, violences exercées contre le monde animal ou encore contre la planète. Une attitude moralisante conduirait rapidement à situer les manifestations de la violence dans un ordre de réalité détaché des fins de l'histoire, du progrès et de la civilisation, en leur accordant une place de rejet et d'exclusion. Conformément à ce qui précède, les mesures de prévention sont constamment proposées pour établir un lien d'opposition indissoluble entre la violence et la non-violence. La question qui se pose est alors de savoir comment mener une réflexion éthique sans condamner rapidement toute compréhension de la violence à un lieu impolitique. Freud a essayé de répondre à ces interrogations de plusieurs manières, bien que les différentes approches du concept de pulsion aient toutes un dénominateur commun. On pourrait penser que les pulsions décrites par la psychanalyse ne maîtrisent pas totalement le territoire de ces problèmes, mais pour la psychanalyse, la violence ne se limite pas à une simple expression de l'agressivité, elle constitue un plan d'analyse plus large par rapport à l'homme.

II.3. - Le travail de la pensée et la vie pulsionnelle vis-à-vis de la violence inconvertible

> *« D'avoir désigné que la politique est irreprésentable, parce qu'elle fait sujet dans l'ordre perceptible du symptôme, fait de Marx un penseur de la politique dégagée du politique, dont il fixe la fiction. Ce n'est pas d'une norme qu'il assure, mais d'un « il y a » d'évènement, où il croise un réel, dans l'impasse de tout ordre concevable et représenté. La vérité de la politique est dans le point de ce « il y a », et non dans son lien. »*
>
> *Alain Badiou,*
> *(Peut-on penser la politique ?* p. 20*)*

Penser la violence, c'est la mettre irréfutablement en lien avec l'historicité de l'homme, car elle est présente dans toutes les créations dont témoigne cette histoire, que ce soit dans le domaine des arts, de la morale, de la religion ou de la police. Il est plus ou moins vrai que la violence suppose une réflexion difficile sur les actions qu'elle convoque à l'intérieur des logiques sociales. Une première réflexion sur ses contours, ses limites, ses passages et ses extrêmes la situe dans l'espace de l'abolition et du rejet, sous l'hypothèse que ses expressions constituent des entités désorganisatrices face à la force du progrès civilisateur.

Si l'étude de la violence a conduit à l'élaboration de chapitres clés de la sociologie du XXe siècle, de la philosophie politique, des études anthropologiques et culturelles, il est vrai que ces réflexions privilégient parfois des parallélismes conceptuels et éthiques fondés sur un fond d'« idéalité » dans l'analyse de ses différentes manifestations. On constate que ces appréhensions s'inscrivent dans le cadre général des mesures de prévention prises pour son traitement, dispositions qui ont trait à la violence dans la sphère privée comme publique. C'est le cas de différentes analyses d'ordre social qui, pour comprendre le problème de la violence, dressent un ensemble de concepts, de représentations et de valorisations qui mettent en avant les éléments devant contrer la force destructrice et négative de la violence. Cette négativité est souvent convoquée (dans son exclusion) par la figure même de l'État de droit, même si, paradoxalement, cette même violence constitue l'une des pièces maitresses de la prolongation de ses fondements.

D'une manière générale, ces notions mettent en avant la confrontation de la violence face à la préservation des biens culturels, en l'arrachant aux sources mêmes de la politique. Cela suppose qu'outre la condition naturelle de l'homme, apparaîtrait une deuxième condition, créatrice des contrats conduisant à la destitution des tendances contraires aux intérêts collectifs. Les grandes idées du *Léviathan* de Hobbes s'articulent autour de l'idée selon laquelle la violence est une dimension constitutive de cet état naturel, et doit dès lors être exclue des structures politiques de la ville. Les actions de répression qui doivent être conçues pour la violence équivalent au revers des énoncés de Hobbes sur la constitution de la sphère politique, celui-ci n'omettant pas l'emploi d'une violence « légitime » dans les cas où il est nécessaire d'agir face à des violences à caractère « illégitime ». L'illégitimité est considérée comme un patrimoine spécifique des tendances dites naturelles, qui doivent être explicitement réfrénées. L'exclusion et la répression de cette dimension négative de la politique sont claires dans les analyses de Hobbes[116], celle-ci constituant l'un des extrêmes de la confrontation entre guerre et paix. L'homme devient porteur d'une constitution oscillante, qui s'exprime dans le conflit entre les passions et la raison. On pourrait ainsi penser à une double réalité des productions humaines, ou bien à l'accroissement du pouvoir négatif et individuel, violent et non consensuel, ou la recherche d'un consentement. À noter que parmi ces figures de l'opposition entre la négativité de la violence et la positivité de la politique, Hobbes devient l'éminent antécédent des définitions du pouvoir de l'État. Entité monopolisatrice de la violence, par l'intermédiaire de laquelle il légitime son maintien dans le temps.

Il n'en va pas de même lorsque le but n'est pas la répression et la destitution de la violence, mais sa *conversion et son dépassement.* La violence s'inscrit ici dans un raisonnement plus vaste, où la violence se mêle au développement de l'histoire. C'est la place qu'occupe la violence pour Hegel, qui admet que la violence est indéniablement un élément clé de la progression de l'histoire[117]. Pour lui, l'histoire n'est pas un processus continu, elle doit, dans sa trajectoire, dépasser la négativité

---

[116] T. Hobbes, *Léviathan,* Paris, Gallimard, 2000.
[117] G. W. F. Hegel, *La raison dans l'histoire*, Paris, Folio, 2012.

que suppose la destruction et l'accumulation de la violence. La violence doit pour cela être convertie et transformée par les forces culturelles qui, dans leur impulsion, deviennent synonymes de la liberté de l'homme. Cette fois, il ne s'agit pas de l'exclusion devant être exercée sur la négativité que la violence apporte à l'ordre civilisateur, mais de l'accentuation que le pouvoir de la raison exerce de manière *inclusive* sur la violence. C'est en conduisant un travail sur l'injustice et la violence que peut justement se produire l'effectivité de cette raison historique. Sans doute, on retrouve dans une part importante de ces discussions les différends sur les méthodes et les approches qui opposent le droit dit naturel au droit positif. L'analyse de Walter Benjamin, en 1920, part du corps de ces discussions[118]. À partir de cette analyse, il cible son exploration sur le facteur proprement éthique qui se situe entre le droit et la justice[119]. L'espace éthique mis en avant par Benjamin dans sa critique est axé sur une ligne de réflexion opposant la dimension de la légalité (*Rechtmäßigkeit)* et de la légitimité (*Berechtigung).* En raison de l'objectif éthique recherché pour le problème de la violence, Benjamin oppose ces catégories pour souligner la tension entre la loi et la morale. La légalité ne renferme que la conformité d'un comportement avec la loi, alors que la légitimité implique l'action d'une rationalité cherchant la justification de cette légalité. Pour Benjamin, c'est dans ce processus de justification « morale » de la légalité que se trouvent les aspects liés à la moralité, à l'histoire et à l'axiologie. La critique que Benjamin entend établir est orientée vers cette dimension morale qui suppose le passage de la violence à

---

[118] W. Benjamin, « *Critique de la violence »*, in Œuvres I, Paris, Folio-essais, Gallimard, 2000.
[119] Idem, p. 211.

une critique historique, en l'intégrant comme un élément clé de l'historicité de l'homme. Pour Benjamin, si dans la discussion sur la violence, on remet en question sa valeur (ce qui le pousse à comprendre sa critique sur le plan des « moyens » avant les « fins »), cette critique ne doit pas oublier les conditions d'historicité de l'homme, ce qui suppose par conséquent une considération de nature axiologique. Il s'agit d'une légitimité justifiée par certaines coutumes et croyances, qui consolident la légalité. En forgeant ainsi la légalité, la légitimité devient le moyen qui crée le consensus et appelle à l'obéissance, servant ainsi le pouvoir. Benjamin observe déjà dans cet appel au pouvoir les difficultés auxquelles s'achoppe la délimitation de l'habitation collective abandonnant les réflexions sur le statut de violence. C'est le problème de la légitimité qui introduit l'aspect éthique pour une réflexion sur la violence.

Dans sa critique de la violence, Benjamin aborde depuis différentes perspectives le rôle historisant et subjectivant de la violence. Cette dernière n'est absente ni de la récurrence des revendications des droits du prolétariat ni des modes de fondation du droit. La violence serait tout autant concernée par les moyens utilisés par ce droit pour sa propre conservation. À noter que la lecture de Benjamin ne se fait pas dans la répression de la négativité que cette dimension amène pour la constitution du politique, et encore moins dans l'admission de sa conversion en figures idéales fondées sur le pouvoir de la raison. On ne peut pas pour autant énoncer que le royaume de la raison et du droit commence là où s'achève la violence.

> Comme fondatrice du droit, la violence en effet, a une double fonction, en ce sens que la fondation du droit s'efforce certes, par le moyen de la violence, d'atteindre

> comme sa fin cela même qui est instauré comme droit, mais au moment où elle instaure comme droit ce qui est sa fin, au lieu de congédier la violence, maintenant seulement elle en fait une violence fondatrice de droit au sens rigoureux, c'est-à-dire de façon immédiate, puisqu'elle établit, sous le nom de pouvoir, une fin non pas libérée et indépendante de la violence, mais, en tant que droit, liée à elle de façon nécessaire et intérieure. La fondation de droit est une fondation du pouvoir et, dans cette mesure, un acte de manifestation immédiate de la violence.[120]

De ces énoncés, on peut visualiser la place donnée par Benjamin à la violence dans le cadre de la constitution du droit. Dans sa lecture, il ne voit pas les expressions de la violence comme des moyens disruptifs de l'ordre civilisateur ; il ne conçoit pas non plus la conversion de cette négativité au moyen de figures universelles d'une portée historique plus large. Dans son examen des formes de pouvoir que suppose le droit dans sa fondation et sa conservation, Benjamin introduit une nuance tragique pour la compréhension de la violence. Si ses énoncés montrent que fonder le droit, c'est fonder le pouvoir, et qu'en ce sens, la fondation du droit est un acte de manifestation immédiate de la violence, les conditions de cette violence rejettent l'adoption de pratiques inamovibles, car ces pratiques supposent évidemment un conditionnement d'ordre historique. La violence est donc vue comme une modalité des évènements de l'humanité dans l'histoire, et non pas comme un phénomène extérieur et contraire aux objectifs du cheminement historique. Si l'on examine ce penchant, consistant à penser les formes de violence dans

---

[120] Idem, p.235-236.

le cours de l'histoire, on peut s'interroger sur l'explicitation tragique de sa négativité. Condition tragique de la prégnance des guerres et des bouleversements politiques du XXe siècle et des nouvelles formes d'expression de la violence en cette première décennie du XXIe siècle. Définir la présence de la violence de manière tragique nous pousse à établir trois grands volets de réflexion : premièrement, une thèse négative, dans la mesure où la violence ne peut pas s'éloigner des modes d'écriture et de production de l'histoire. Au-delà de la répression de ses tendances ou du dépassement et de la conversion de sa portée, la violence doit faire appel au *report* de sa négativité. Deuxièmement, ces actions de report doivent être conduites dans le cadre de stratégies concrètes conçues en temps réel par les collectivités politiques et les agents du gouvernement. Troisièmement, cette dimension tragique de la violence doit conduire de manière critique à l'examen des sens qui permettent, aujourd'hui, de penser la permanence du politique et son maintien dans le temps.

Un examen critique de la problématique de la violence suscite pour la psychanalyse des réflexions à caractère indéniablement *éthique*. En effet, cette problématique accentue la situation tragique à laquelle s'achoppe toute réflexion sur la violence si on la voit comme une disposition fondamentale de la vie humaine. Disposition qui s'inscrit dans l'histoire, dans la constitution des imaginaires humains, réactive au fait que sa compréhension soit conduite à de simples problèmes de « gestion » des rapports sociaux. Issue du libéralisme économique, cette gestion des conflits se passe de la dimension du conflit, de la tension, de la dislocation de tendances, des symptômes inhérents à toute formation sociale. La violence s'approprie ces phénomènes pour expliciter l'ensemble des dommages, des souffrances ou des oppressions pouvant être la conséquence de pouvoirs invétérés.

Comprendre un mode d'action pour la violence en tant que « disposition fondamentale », n'admet donc pas le postulat de la répression de ses tendances négatives, ni la conversion de ce penchant négatif par le biais des transformations que force en elle la raison. Freud inscrit ces actions dans le domaine du report des tendances, une approche aux conséquences politiques non négligeables. Comprendre les formes par lesquelles s'établit le report demande de situer la violence sur différents plans d'analyse, touchant à des dimensions anthropologiques, évolutives, psychiques et politiques. Ces plans d'analyse peuvent contribuer à la réflexion sur la violence inconvertible.

Dans un premier temps, cette réflexion porte sur les liens qu'entretient la violence avec la thématique générale de la pensée et de la représentation (*Vorstellung),* en accentuant la portée anthropologique, mais aussi politique, que ce type de lien peut révéler. En effet, en liant la violence à la problématique de la pensée et de la représentation, nous sommes en mesure d'extraire certaines considérations anthropologiques ayant trait au domaine historico-évolutif des collectivités. Dans un deuxième temps, je soulignerai qu'en situant la problématique de la violence dans son rapport au domaine de la représentation, les analyses obtenues nous conduisent vers un certain nombre d'hypothèses politiques. Ces hypothèses deviennent des motifs explicatifs des domaines et des territoires où l'on observe aujourd'hui la violence extrême. Toujours en lien avec le point précédent, un troisième temps de la réflexion porte sur la référence que la problématique de l'extrême violence offre pour penser certains problèmes concernant l'ordre des communautés et leur incidence sur les manières de voir l'exercice de la civilité[121]. Tout cela devrait permettre d'illustrer le rôle prépondérant que joue la violence dans le cours de l'historicité humaine, et nous permettre d'apprécier certaines dimensions importantes au moment de tracer les voies de son *report*. L'argument relatif au *report* de la violence agit comme un énoncé révélant l'impossibilité de « conversion » de la violence en figures idéales ou contraires à son axe en apparence désorganisateur. Ce dernier aspect amènera un certain nombre d'hypothèses pour penser le lien qui se tisse politiquement entre la violence et le maintien et la transmission des institutions culturelles.

II.3.1. - Aspects d'une topique politico-anthropologique

Il est certain que la place de choix occupée par la violence doit être mise en relation avec les conditions sociohistoriques qui ont poussé l'homme à construire ses institutions, ses œuvres et ses fictions. Une première approche associant la violence au sens de ces logiques collectives, de leurs constructions et de leurs extensions apparaît à l'intérieur du processus d'hominisation. C'est dans ce processus évolutif que l'on trouve un premier domaine structurel d'exercice de la violence, liant fortement le vaste problème des origines à l'action de la pensée et de la représentation. Dans cette dimension, le contexte d'existence de la violence devient une prémisse

---

[121] Cette expression reprend pour l'essentiel les réflexions d'E. Balibar sur l'exercice actuel des citoyennetés. E. Balibar, *Violence et civilité, Wellek Library lectures et autres essais de philosophie politique*, Paris, Galilée, 2010.

anthropologique pouvant déterminer bon nombre d'incidences politiques.

Le déroulement de l'hominisation en tant qu'évènement historico-évolutif a permis à l'homme d'adosser le travail du jugement aux propres transformations de sa nature, ce qui a fait de lui un être responsable de sa propre évolution. Le développement de la facette de la pensée a été lourd de conséquences pour le processus d'hominisation, dans la mesure où il a tracé, entre autres, un cheminement vague et inachevé pour les liens que l'homme établit avec son milieu. Le caractère non naturel de ces liens suppose la négation des comportements d'adaptation apparents que la condition humaine adopte face aux faits de l'expérience, en refusant la figuration de la soumission de la pensée et de l'entendement à l'empyrée des évènements. Les grands récits humains sur le cours sociohistorique montrent que la tâche de la pensée tient compte d'assertions de valeur face à ce qui est connu et vécu. Comprendre et circonscrire la connaissance dans une chaîne de valorisations et de sens, c'est inscrire ce qui est connu dans un maillage de significations jamais entièrement acquises et immuables, en les rendant changeantes et contingentes. On peut supposer que la marche du déroulement évolutif a placé l'homme dans un travail de *représentation interne* des objets et de leur milieu, en délimitant des formes de *présentation* données pour son historicité. On pourrait donc noter qu'une *civilisation* est en partie une configuration de monde, orchestrée en fonction des types de représentation qu'elle s'approprie. Univers de représentation donné pour narrer des fictions identitaires, outil politique et culturel pour distinguer ce qui est identique de ce qui est jugé différent. Espace de démarcation de ses possibles, mais aussi de ses impossibles.

C'est la présence du préfixe *re-* qui signale, dans la représentation, son caractère intensif et non répétitif, la négation de son cours mimétique face aux images. Il en ressort que la représentation ne peut pas être un régime d'action spécifique ou une technique, elle ne fournit qu'un nom général pour l'évènement conjoint de l'image et de l'idée, où convergent les principaux différends de la pensée moderne (ses savoirs, sa politique et son art).

Jean-Luc Nancy propose une lecture du concept de représentation en fonction de ce qui est donné, de l'actuel, en insistant sur son caractère d'exécution évaluative face au transit du présent[122]. Ces exécutions évaluatives propres à la représentation ont été, en admettant les hypothèses sur l'hominisation, à la base d'un grand nombre de transformations historiques et évolutives.

De manière générale, la facette de la représentation et de la pensée ouvre ainsi un double plan *sacrificiel* au sein du processus d'hominisation ; d'une part, elle constitue le sacrifice « factuel » des objets dans la tâche de la connaissance ; en faisant de tout objet une entité pouvant être pensée et valorisée par l'action humaine. Mais c'est cette même mutation de valeur et de la pensée qui incombe à l'homme à partir du moment où les actions de connaissance prennent la forme d'une pensée de leur propre condition. Relever et penser que la dimension représentative a impliqué le sacrifice des objets dans leur dimension de *factum*, c'est aussi insister sur le sacrifice accompli au sein des modes d'existence de l'homme. Considérer que la facette réflexive conduit à des actions de valeur, c'est indiquer que la connaissance s'articule au regard de travaux à forte teneur axiologique. Cette

[122] J-l. Nancy, *Au fond des images*, Paris, Galilée, 2003.

dimension axiologique (ἄξιος) de la connaissance comporte une considération ontologique, car c'est dans le fait de connaître que se trouvent les actions permettant à l'homme de statuer sur la valeur et le sens de son individualité. La tâche de la connaissance demande de réinscrire dans la réalité l'autonomie avec laquelle l'homme agit face aux objets. C'est bien sûr cette projection de valeur qui revient aux objets, qui montre que les fictions qui articulent culturellement la vie sociale dans la création de ses outils et patrimoines. L'hypothèse de l'action sacrificielle que la pensée ordonne, face aux objets comme face à l'homme et son habitat, constitue un axe de réflexion important pour examiner les liens entre représentation et violence. En effet, les énoncés relatifs au processus d'hominisation soulignent l'importance de la facette représentative, en tant que mode d'opposition face à la violence représentée par la vie. Il s'agit ici des *excès et ineffables* qui habitent le monde, facilitateurs en grande mesure de l'ingérence symbolique pratiquée par l'homme dans ses actions de connaissance. C'est cette ingérence symbolique qui conduit l'ineffable au domaine du contingent. Le cours même de l'hominisation montre l'homme comme un être qui avance selon le sens de la représentation interne de ses objets, situation qui s'applique également à la condition réflexive qui s'incline en permanence vers la production de son habitat culturel. En tenant compte de la condition humaine même et de son évolution pour ce travail de réduction et de représentation, on peut se faire une idée des organisations picturales que l'homme élabore face à la maladie, la vie et la mort.

Violence-excès du réel que la condition humaine supporte dans ses liens avec l'extériorité des objets, mais aussi dans la réflexion qu'elle mène pour penser l'historicité de son déroulement. Cette situation est évidente dans les actions de réduction projetant le travail du jugement en activité de sens et de valorisation. Le sens de ces réductions est une conquête clé de l'hominisation, évocatrice des reconstructions historico-évolutives qui, autrement, interdiraient le récit historique de l'humanité dans son cours évolutif. À noter toutefois que ces conséquences historico-évolutives sont à l'origine des différents efforts culturels, mais aussi de la subversion des valeurs. Freud faisait déjà cette observation dans son traitement de la « répression organique », entité qui est censée être la condition de l'origine de l'institution culturelle[123].

Pour Freud, les changements à l'œuvre dans la condition organique de l'homme sont à l'origine de sa condition culturelle actuelle, et établissent pour les vestiges d'un temps passé des actions de sens et de valorisation ; celles-ci s'articulent toutes autour de l'objectif plus large de signifier la violence d'un temps antérieur, de distinguer l'humain de l'animal. Ce sont ces transformations vitales dans les conditions d'existence qui invitent des interprétations normatives, sans oublier que ces mêmes normativités mettent en lumière l'état de précarité de l'homme dans son rapport à la vie. L'absence de lois antérieures dans la progression de l'hominisation pousse à la création et à la régulation de la série de normes postérieures.

Il convient de garder à l'esprit que ce type de violence ne réside pas uniquement dans les conditions données du monde propres à l'action de penser (en tant qu'état sensible antérieur), car cette pensée a aussi une emprise sur ce qui traque internement la vie de l'homme. C'est sur

---

[123] S. Freud, « Malaise dans la civilisation » *Œuvres complètes*, Vol. XVIII (1926-1930), Paris, P.U.F, 2015.

ce type de violence, interne et fondée sur l'archaïque, que se trouvent les principales difficultés représentatives et d'élaboration. La psychanalyse révèle ainsi l'action de deux types de violence dans la constitution de l'humain. Une violence agissant sur le plan de la réalité avec la sollicitation picturale d'une symbolisation conséquente. Il s'agit du primat des actions que l'homme accomplit pour diriger le monde, pour vaincre la nature et la soumettre à un régime de production permettant l'acquisition de biens et de produits. C'est ici que se trouvent certains des éléments que Freud qualifie de patrimoines animiques ou culturels ; la beauté, les formations religieuses et morales, les avancées techniques, la justice, l'ordre, la propreté et même la sublimation, entre autres figures[124]. La réaction face à ce premier domaine de la violence est sans doute paradoxale, car tout en admettant ces pièces patronymiques comme axes de production de la culture (dans la mesure où elles contribuent à préserver ses formations), Freud les qualifie de « dénégations culturelles » [125] créées en raison de la violence interne portée par les individus. Ces coercitions et ces dénégations naissent en réalité en réaction à l'exercice violent des tendances destructrices qui habitent l'intériorité du subjectif, et peuvent, dans cette tentative, mesurer ces inclinations face aux besoins de reproduction et de maintien des œuvres culturelles. En ce qui concerne ces problèmes, il s'agit donc pour Freud de deux types de violences : une violence que l'on peut qualifier de « fondationnelle » pour les créations culturelles et leur maîtrise de la nature ; et une autre que l'on peut appeler « réactionnaire », compte tenu de ses éléments

---

[124] S. Freud, « L'avenir d'une illusion », *Œuvres complètes*, Vol. XVIII (1926-1930), Paris, P.U.F, 2015

[125] Idem, p. 96.

controversés et illégitimes aux fins de la culture. Pour Freud, la culture ne s'appuie sur aucun contrat, aucune abdication de la violence et aucune mutation de ses exigences. Il se limite à souligner que la condition d'existence de la violence réactionnaire correspond aux critères de raison de la violence fondationnelle. Sur la base de cette violence fondationnelle, constituée en grande mesure par la présence des exigences pulsionnelles, les dénégations culturelles des agents patronymiques sont possibles. L'association de ces deux types de violence forgera les motifs de la conscience morale. On retrouve dans les textes à vocation culturelle de Freud cette lecture, mais il évoque néanmoins les distances qui s'établissent sur le plan des dénégations et de l'hyperpuissance des exigences internes. Pour Freud, la violence interne n'est jamais un objet convertible, muable, domesticable, sa condition avant tout pulsionnelle reste définie dans l'espace de la radicalité, de ce qui est inconvertible. Cette fois, le caractère de cette violence est structurel, il ne se situe pas dans le domaine de l'exercice des forces et des contre-forces de l'espace social. Il ne s'agit pas, à ces effets, de considérer la violence interne comme une racine expressive de la condition naturelle face au faisceau de la civilisation. Bien au contraire, la psychanalyse voit cette violence sur le plan des forces et des contre-forces sociales, elle admet sa présence à la base des dommages qui se produiraient entre la politique de l'État et les pratiques émancipatoires des individus dans le cadre des processus dits de subjectivation politique.

Cette violence correspond à un *au-delà*, l'au-delà d'une violence inconvertible et radicale. Envisagée sur le plan de sa représentation et de son éventuelle conversion, cette violence est toujours négative et incommensurable. Pour ce fond négatif, la positivité que tentent d'apporter les dénégations culturelles est une positivité qui dénonce sa fragilité face à ce type de violence permanente, et montre la mission qui incombe à la tâche culturelle : réinventer en permanence le sens de ses fondements dans le report pouvant être établi pour une négativité inconvertible. C'est sur cela que doit s'appuyer une critique de la violence, elle ne doit pas être écartée du cours de la politique et de l'histoire, mais au contraire, elle doit s'inscrire dans une réflexion sur le caractère éthique de son existence au sein des logiques de la vie collective.

On observe que la résolution du conflit entre réclamations pulsionnelles et restrictions culturelles (et la violence qui en découle) a été scellée par Freud sous l'épigraphe du refoulement. Ce terme n'exprime pas l'anéantissement de la tension, mais la contre-force exercée par un au-delà du pulsionnel, à l'origine de la dynamisation de la vie. Si les tâches pulsionnelles peuvent être jugées violentes face à l'hypothèse de l'institution, de la conservation et de la reproduction de la vie culturelle, cette violence ne provenait pas de raisons liées à des entités supra terrestres ou divines. Bien au contraire, cette violence est considérée comme un mode de fonctionnement de la vie, motif – entre autres – des différentiations *subjectivantes* du processus d'individuation humaine. Pour Freud, sans être forcément extrême, la violence pulsionnelle remplit sa fonction de délimitation de différents registres de fonctionnement animique, de modalités de représentation et de transit face à la réalité externe. Ainsi, l'insistance freudienne ne consiste pas à considérer la présence de la violence comme un agent de disruption du social, son but n'est pas non plus de conduire une réflexion depuis la culture pour penser les conditions internes de l'individu. Freud pense depuis la perspective de la vie, de la dynamique pulsionnelle, pour concevoir ainsi, dans un deuxième temps, la culture depuis ces dynamismes. C'est par le prisme de l'hyperpuissance de la vie pulsionnelle qu'il conçoit la position de fragilité de l'homme, mais aussi les continuités que cette vie pulsionnelle permet pour les représentations relatives à la cité, à la sexualité, au conflit et à la mort.

Cette hyperpuissance d'ordre pulsionnel est aussi un élément clé pour comprendre la nature humaine toujours inachevée, sur laquelle Freud concentre une anthropologie du négatif. Notons que le vocable violence met en évidence un sens anthropologique pour la condition humaine, qui n'est pas conçu uniquement pour distinguer sa manifestation agressive ou représentée. La violence est une activité qui n'implique pas nécessairement la désarticulation du singulier face à l'universel, ou son revers, elle distingue une condition de compréhension pour l'humain.

L'impossibilité de conversion de la violence révèle alors deux positions clés pour penser l'humain. Elle témoigne d'une part de la force irréfrénable de la vie animique inconsciente, sa présence dans les problèmes de la cité ; et d'autre part, de l'incomplétude des formes de contrôle *subjétal* découlant de ce qu'en 1927, Freud appelle les « patrimoines culturels ». Ainsi, pour lui, face à la violence de la vie pulsionnelle, les opérations culturelles n'exigent pas de plans relativement organisés de non-violence, de pacification et de domestication. Il est certain que le freudisme ne pourrait envisager l'éradication radicale de la condition impolitique de la pulsion et de sa violence concomitante. La vie pulsionnelle pourrait constituer *« ce que la violence fait de l'homme »* par la portée de ce faire dans l'organisation du malaise et de la misère humaine. Le faire de la vie pulsionnelle et sa violence doit être compris comme le fruit d'une tension ne pouvant être relâchée, à partir de laquelle se scellent des actions de transmutation faisant de ce faire ce que « *l'homme peut faire face à la violence* ». Transmutation n'incluant pas l'épuisement et la conversion du conflit en intégration de la violence et de la souffrance, sous l'hypothèse que sa négativité pourrait être captée dans des formations historiques de plus large portée. C'est ainsi qu'Hegel le comprenait dans sa lecture de l'histoire et de la violence, inspiré par une vision chrétienne de la conversion de la négativité[126]. Pour Freud, cette négativité n'est pas convertible, elle s'érige sous la forme d'une négativité radicale. La lecture du *Malaise dans la culture* révèle que cette tension doit laisser transparaitre le conflit des résistances, ou du moins le supposer, en admettant que dans sa constitution, c'est toute la société qui repose sur ces réponses de résistance face à la négativité radicale de la violence. C'est cette même vision qui donne aux sujets le droit de s'émanciper des lois et des règlementations lorsqu'elles tendent à éclipser le sens des résistances.

Pour résumer, l'origine de la vie psychique ne peut pas ignorer le rôle organisateur que la violence exerce dans son individuation ; les expériences précoces de la prématuration, de la détresse et de la résolution du non-lié en sont la preuve. Ces actions reposent sur les mécanismes de répétition inconsciente et du désir, et délimitent les seuils du plaisir et de la jouissance. On trouve dans la dimension animique l'intrication de la violence et ses ruptures et des résistances et actions de résolution qu'elle force ; l'ensemble de ces phénomènes définit le caractère dynamique du travail psychique de l'élaboration. La place qu'occupe la violence en tant qu'affirmation de la vie psychique (pouvant devenir indépendante par la pulsion sadique d'emprise) explicite aussi par ses voies du devenir

---

[126] G. W. F. Hegel, Op. Cit.

de la vie collective. Les procédés d'élaboration interne que développe le psychisme face aux effractions à caractère pulsionnel, le rôle que joue dans ces procédés de symbolisation le surmoi – subrogé animique de rapports sociaux réels –, sont autant de manières de se référer aux transits qui s'établissent entre le singulier et la dimension collective. La vie psychique introduit ainsi une autre dimension historique de la violence, qui se meut cette fois entre les laps de l'histoire singulière, et montre que la violence exerce aussi une fonction d'organisation et d'affirmation du moi propre. Le rôle clé qu'elle joue dans les formes d'historicisation du psychique n'est pas surprenant, l'aspect inquiétant de la violence provient plutôt de ses formes *extrêmes*. Ce qu'il y a d'extrême dans la vie psychique de la violence se trouve dans l'épuisement des systèmes d'élaboration interne, dans la difficulté d'association des systèmes mnésiques pour donner cours aux représentations qui lui sont apparentées, de l'absence de formations d'engagements déterminant une symbolisation symptomatique pour ses expressions (l'effort d'expulsion du refoulement). La facette dite non extrême de la violence – définie par des seuils, des périodes et des effractions spécifiques –, donne lieu au développement effectif de ces procédés psychiques, qui sont tous axés vers le travail d'élaboration du *report* de la violence.

II.3.2. - Violence et politique

Les éléments exposés précédemment montrent que ce sont les seuils, les limites, les frontières et les excès exprimant l'anéantissement de toute action de résistance et de maîtrise qui définissent le caractère extrême de la violence. Néanmoins, ce caractère extrême n'altère pas uniquement les procédés de résistance, car la transformation dans le système des intensités et ses seuils atteint le sujet de ces opérations pour le convertir ainsi en objet.

Avant de placer la violence dans une situation d'opposition face aux figures de la non-violence ou de l'anti-violence, la psychanalyse inscrit ses manifestations et sa portée dans un domaine plus vaste, résistant à toute analyse portant sur le territoire des idéalités. Entre violence et anti-violence, violence et non-violence, la psychanalyse dessine ainsi une ligne d'étude qui ne voit pas la violence comme un moyen d'expression de la logique du mal, et l'oppose aux critères exposés par une éthique du bien. Freud élabore un jugement sur la violence qui la place dans le contexte d'une résolution toujours *forcée, extrême et pressante*. Il situe le visage organisateur de la violence interne à l'origine de la vie pulsionnelle, en notant que le « début » n'était pas le calme de la complétude, mais la prééminence du non-lié, de l'archaïque, du primaire et de la haine lorsque le motif était de penser la structuration du moi.

La violence constitue l'un des éléments clés de la conception du négatif pour la psychanalyse, et en découlent des considérations métapsychologiques importantes sur l'action des formes inconscientes et ses élaborations postérieures. Mais la violence est aussi la mieux à même d'introduire le système de variances qui s'édifie entre l'organisation psychique précoce et le monde externe. Son caractère d'extrémité originaire figurée à travers les liens précoces entre le plaisir et le déplaisir, la haine et ce qui est désiré, instaure dans le domaine mental la présence de l'objet et de la réalité, autres modes d'expression de la déclinaison du moi-absolu. Pour la vie psychique, le report de la violence peut conduire à une distanciation de la réalité, comme moyen de repli du moi face aux effractions ressenties. En découlent des altérations importantes de l'organisation du moi. Dans son effort de report des effractions infantiles, le moi propre finit par différer ses liens avec la réalité et avec les exigences qui lui sont imposées pour reformuler sa propre organisation du fait de ce concert de tensions et d'usures. Ce report peut aussi se faire en raison de procédés représentatifs d'une autre nature, reposant sur des mécanismes d'inhibition et de refus qui ne comportent pas de risque pour l'organisation psychique. Le fait que la violence soit l'une des plus fortes expressions du négatif, en révélant son rôle prépondérant pour les moyens par lesquels la vie psychique capture une idée d'histoire, témoigne de l'épuisement des appels à l'idéalité et des conversions possibles de la violence dans le domaine de la singularité.

À partir de ces thèses relatives au caractère négatif de la violence, nous avons abordé trois dimensions d'analyse. Nous avons d'abord esquissé certaines idées pour examiner la violence dans le domaine des productions culturelles, en établissant ainsi des paramètres de réflexion pour penser l'habitation et la reproduction des sens d'une culture. Dans un deuxième temps, nous avons introduit ces domaines pour penser l'historicité humaine, en examinant le rôle que joue la violence dans son institution et son développement. Dans un troisième temps, nous nous sommes penchés sur l'incidence des thèses de la négativité de la violence sur les productions psychiques. Depuis cette dernière enclave d'analyse, nous avons observé que la violence extrême ne se fonde pas exclusivement sur l'ensemble des structures sociales à partir desquelles on comprend habituellement les structures d'oppression et le pouvoir de l'agression. La variable psychique nous a introduits dans la réalité de la vie pulsionnelle, en dissociant la logique de l'extrême des interprétations fondées sur des critères métaphysiques ou absolus. Cette situation soumet les conditions de l'existence culturelle à un travail de *réinvention* permanente. Mais la dimension psychique a également servi à montrer que le caractère extrême de la violence est doté d'une structure propre, constituée par l'unité de contraires, par la fusion de valeurs et de catégories adverses.

Ces trois angles d'analyse révèlent que « l'institution » de la *fiction* humaine du politique porte le germe de la possibilité de sa destruction, et doit donc faire appel à des actions de résistance permanentes. Cette destruction éventuelle s'achoppe à des résistances possibles dans ce qu'E. Balibar appelle des « stratégies de civilité », pour comprendre, selon ce concept, les possibilités de sa permanence. Pour Balibar, cette expression n'est pas le contraire de l'incivilité, mais la politique des conditions mêmes du politique. En ce qui concerne le sens de l'institution du politique, pour Balibar, la politique ne peut se situer en dehors du domaine de la violence. C'est pourquoi, face à la violence, le problème de la civilité et ses stratégies ne pourrait pas se réduire à un choix abstrait entre violence et non-violence, ou entre violence et droit. La civilité doit rester dans le maillage des sens qui unissent en permanence la violence et la politique. On peut ainsi écarter certains seuils, certaines variations ayant trait à la représentation de l'insupportable et à la possibilité d'une inversion de tendances. Ces seuils agissent comme les limites de l'institution, ponctuant la présence de l'inhumain au sein de l'humain, ou le point de rencontre entre le politique et son Autre, l'*impolitique*. Ces limites et ces seuils ne peuvent jamais faire l'objet d'une décision définitive, mais plutôt d'une tentative réitérée de l'intelligence et de la confrontation. Dans le domaine collectif, la figure de l'extrême violence est l'abolition de toute résistance à la violence, entravant toute possibilité de dialectique.

En somme, l'intérêt de la posture freudienne réside dans la possibilité de concevoir que les conditions du politique se développent dans les mêmes conditions que son impossibilité, *leur voisinage est absolu.* Pour Freud, penser la politique, c'est refuser le sens même du politique, dénoncer son caractère d'illusion de l'unification de l'Un. Son but est de barioler cette illusion par divers moyens ; que ce soit dans son analyse des représentations religieuses, dans ses questionnements sur la guerre, ou encore sur le rapport entre les masses et leurs dirigeants, le but est le même : montrer le sens imaginaire des identifications produites. « *Il y a la politique quand – et seulement si - une déliaison de la réalité propose un point de réel* »[127].

La formulation du politique s'expose ainsi au risque de sa non-formulation. Si l'homme politique freudien ne repose pas sur l'incivilité, cela lui ouvre la possibilité de la révolte, de la désobéissance civile lorsqu'il est question de la soumission à un système démocratique invétéré. La civilité est ainsi liée à des mouvements d'identification comme de (dés) identification pouvant en tout temps mettre en question l'ordre des assujettissements. C'est ce que Lefort a appelé « l'invention démocratique »[128]. Les actions d'insurrection ne peuvent avoir de sens que dans le contexte d'une loi ou par rapport à un ordre communautaire qu'elle reconnaît de manière fictive, tendant ainsi à le reconstruire. C'est ici que se trouve l'énigme du politique et son aporie car, pour fonder la

---

[127] A. Badiou, *Peut-on penser la politique ?,*Paris, Seuil, 1985.
[128] C. Lefort, *L'invention démocratique, les limites de la domination totalitaire*, Paris, Fayard, 1981.

communauté, il faut nécessairement la soumettre en permanence à un questionnement.

Pour finir, ces idées pourraient toutes se résumer sous une formule spéculative : la seule manière d'éviter que le fondement démocratique de la politique soit immédiatement contredit et nié dans son institution, c'est indéniablement d'abolir son fondement même. C'est-à-dire de concevoir la politique comme une fiction absolue, comme une institution sans fondement et irrémédiablement contingente. Penser un fondement pour l'existence de la vie sociale en serait finalement le point extrême. C'est dans cette certitude que peuvent se trouver les raisons de la terreur et de l'extrême. C'est alors la possibilité aléatoire exclusivement pratique de distancer la terreur, de la différer relativement, du moins pendant un certain temps, qui jette les bases de ce que l'on peut appeler tragique, mais aussi démocratique.

II.4. - La violence et les figures des universaux de la politique dans le contexte de la globalisation

En ce qui concerne le sujet de la politique des inconciliables et la globalisation, je n'ai pas l'intention d'établir de distinction majeure entre mondialisation et globalisation. Bien qu'il soit tout à fait justifié d'élaborer une telle différentiation, je me permettrai ici de l'outrepasser pour des raisons de contexte. Je suivrai cependant le cours de la dérive établie par Marc Abélès à ce sujet[129], dans laquelle ces précisions sont classées de

---

[129] M. Abélès, Anthropologie de la globalisation, Paris, Payot, 2008. Dans le cadre de l'analyse que Marc Abélès y effectue, nous suggérons également de lire « Après le colonialisme : conséquences

façon adéquate. Ainsi, suivant Abélès, je dirai simplement que c'est la globalisation qui est au centre de nos réflexions quand nous nous proposons de considérer les phénomènes de précarisation de la vie d'aujourd'hui, et qu'il nous faut donc envisager ainsi la problématique de la politique. Cette réflexion ne pourra faire abstraction de certaines précisions de caractère psychanalytique qui constituent, pour le cas présent, des références nodulaires et centrales. Ce sont ces références qui vont délinéer les idées qui suivent, sur un ton plus aporétique que dialectique.

En ce qui concerne la globalisation et la politique, c'est la problématique des identités qui nous intéresse, son expression dans l'existence des minorités humaines, situation que je rapproche de certaines précisions relatives au concept même d'identification. Car entre identité et identification, nous voyons un point d'inflexion permanent, difficilement distinguable à partir d'une analyse exclusivement centrée sur des catégories telles que l'universel et le particulier. Sans oublier bien entendu les grands problèmes qui surgissent à partir du moment où la question des identités affronte la thématique du respect des singularités et des particularismes locaux. Bien que ce soient des notions centrales à considérer, elles tendent cependant à s'éclipser quand la référence identitaire est la seule à être prise en compte. C'est pourquoi il pourrait être nécessaire de se pencher sur l'analyse même des concepts afin de se demander ce que nous entendons quand nous parlons d'universel, de singulier, de construction d'identité

---

culturelles de la globalisation », Arjun Appadurai, Paris, Payot, 2005. Et autour de la problématique des universaux de la culture, «Anthropologie de l'universalité des cultures » Jean Loup Amselle, Flammarion, 2005.

et de son contraire apparent ; *la différence.* Ceci pourrait nous conduire dans un premier temps à mettre entre parenthèses certaines démarches hâtives de synthèse et de conciliations qui laissent de côté la façon dont les concepts agissent sur la réalité. Le problème de la globalisation ne doit pas se centrer dans sa totalité sur la recherche de certains points de conciliation, oubliant au passage les marges de ce que nous pourrions appeler ; *l'inconciliable.* Une telle distinction est essentielle, car elle dissocie les traits de la « différence culturelle » des traits que nous pourrions appeler « idéaux ou symboliques » au niveau des formes qui nous sont utiles pour penser l'identité culturelle et le rapport qu'elle soutient avec les phénomènes d'identification. Dans le cas d'une attention centrée sur le problème des minorités, les différenciations précédentes pourraient peut-être être utiles pour repenser la relation que l'homme maintient avec ses propres idéaux d'émancipation et de citoyenneté. Ce qui nous intéresse, ce sont les interstices que les flux migratoires génèrent afin de repenser une relation aux universels que nous avons l'habitude de construire en liaison avec une idée d'égale-liberté.

La réalité qui peut être observée de nos jours en matière de globalisation nous renvoie ouvertement vers plusieurs niveaux de développement quant à ses effets et à ses portées. D'un côté, elle touche à la facette globalisée des réseaux du marché dit libéral et aux trames technologiques de communication et d'information. Également, et nous ne pouvons l'oublier, à l'exercice d'une conscience planétaire liée aux fragilités de la terre où nous habitons, ce qui appelle à une réflexion sur les liens que l'homme entretient avec la nature. Sans pour autant la considérer comme la raison première de ce que nous appelons aujourd'hui les phénomènes de « désaffiliation collective », la globalisation a eu une incidence sur la façon dont les hommes forgent leurs liens, sur la façon dont leurs sens et leurs devenirs s'établissent. S'agissant de mettre en place une référence qui se propose d'observer le devenir de l'homme dans la culture, nous ne pouvons nous distancier de certains éléments en grande mesure subsidiaires de la globalisation et dont la portée sur les processus qui accompagnent la constitution de l'individuation et de l'identité est étendue. Notre préoccupation en la matière reste toujours philosophique et psychanalytique, sans incidence sur une lecture qui serait réalisée sous d'autres horizons tout aussi valables et intéressants.[130] Dans une première approche, il semblerait qu'en ce qui concerne la problématique de l'identité et de l'identification, ces deux démarches nécessitent de nouvelles précisions à la lumière des conditions culturelles soulevées par la globalisation, qui appellent de plus amples éclaircissements et rapprochements. À cet effet, il est maintenant classique de se référer au « facteur géographique et spatial », surtout lorsque l'on considère la situation qui place les « villes état » ou les « villes monde » face au reste humain considéré « à la périphérie » ou en dehors des « frontières » du monde globalisé. Les portées de la globalisation sont telles qu'elle soumet cette cartographie à de nouveaux ordres, où la périphérie même se retrouve insérée comme une forme intérieure. Il suffirait de penser au flux de capitaux au niveau global et à l'impact de ces mobilisations sur les petites économies des pays en voie de développement, au point de modeler leurs propres politiques internes de croissance. Dans le contexte des flux humains de plus en plus dans l'expectative face à de nouvelles et meilleures formes de

---

[130] Voir en particulier M. Castells, "Le pouvoir de l'identité », Paris, Fayard, 1997.

vie, les situations de circulation des minorités sont un exemple, car même si l'inclusion dans les cultures d'accueil est recherchée, elle n'est atteinte, dans la plupart des cas, qu'au travers de processus d'exclusion interne. Preuves en sont les mesures de protection que les gouvernements d'accueil prennent en faveur des immigrants, ou les mesures de rejet répondant à un ordre de raisons fondé sur l'aspect juridique et social.

Or, une question centrale se dessine symboliquement dans ces mouvements de circulation qui s'accompagnent de nombreuses expériences de détresse et de précarisation. Comment connait-on l'autre ? Comment le définit-on et surtout, qui le définit ? Est-ce seulement à partir d'une définition de la différence et de l'identité dessinée par les limites d'un territoire et d'une frontière ? Dans la sortie toujours enchevêtrée du multiculturalisme ? La problématique soulève évidemment d'importantes questions relatives au droit de cité et à la relation qui unit la figure des états-nationaux à la civilité. Car, en vérité, la problématique nous pousse à nous rapprocher d'une représentation de l'universel, celui-ci étant entendu ici comme une idée d'égalité et de liberté. Devons-nous sans hésitation mettre l'autre à nu avec une certaine représentation transparente de son intimité, outrepassant la limite de ce que nous pourrions appeler la *« pudeur »*, s'agissant d'encadrer l'autre à une certaine idée d'homogénéisation ? À ces fins, le phénomène ne peut être autre que celui de la « liminarité » entre le réel et l'imaginaire[131], ses tensions devenant évidentes. Dans un

[131] Nous adoptons en la matière une compréhension de caractère psychanalytique pour les deux concepts. À ce sujet voir notamment ; J. Lacan, *Le séminaire* livre 11, les quatre concepts fondamentaux de la psychanalyse, leçon du 22 janvier de 1964, Paris, Seuil, 1973.

débat sur les identités et les flux migratoires, ces deux dimensions nous transportent dans le contexte d'une pièce de théâtre en trois actes originaux : le premier acte racontant la mésentente culturelle comme l'un des effets d'un réel qui peut d'ailleurs être toujours convertible, suivi d'un éventuel dialogue en vue d'une reconnaissance, pour finir par transcender les deux temps précédents et conclure sur une dialectique qui synthétise la reconnaissance des appartenances identitaires dans un acte final. Mais est-il possible de tout dialectiser ? La question principale est alors de savoir si l'opération peut gérer des formations de reste.

Avant de pousser plus loin cette dérive, revenons sur la situation de la nouvelle géographie mondiale. Celle-ci, comme on le verra, affecte les édifications des processus identificatoires supposés en matière d'organisation des identités, avec des incidences sur leurs échafaudages, leurs structures et leurs organisations. Elle a des conséquences sur le statut social, juridique et culturel des grands systèmes hégémoniques orchestrés par les états nationaux. Systèmes qui peuvent se considérer en grande mesure en accord avec un démantèlement de la communauté primaire de l'individu (groupe familial), avec leur adhésion, afin d'atteindre son but de relier l'individu à d'autres secteurs de la culture selon un processus de continuité dans divers domaines. Situation qui, par ailleurs, ne montre pas seulement la culture dans son fonctionnement, étant donné qu'elle retient les sens que ce fonctionnement prétend établir dans sa façon de considérer un type de reproduction et transmission sociales, mécanismes responsables des différents visages que peut prendre la « fabrication de l'humain » à l'intérieur d'une culture.

Considérée comme territoire frontalier entre la similitude et la différence, comme espace de fermeture et d'ouverture entre un intérieur et un extérieur, la figure de l'État-nation a permis, pendant des siècles, le fonctionnement de ces processus de subjectivité et d'individuation, de ce *« narcissisme des petites différences »* défini par Freud dès 1930.[132] Narcissisme qui facilite sans aucun doute la cohésion de ses membres à l'intérieur d'une communauté. Communauté qui est avant tout un étendard des identités associées à une représentation du juridique, du politique et du culturel. L'idée freudienne nous introduit dans l'idée de ce que l'on peut appeler une idéologie totale (et non pas totalitaire), par le lien qu'elle noue avec la notion de personne ou d'individualité autonome. On pourrait affirmer de cette façon que les religions universalistes, ainsi que l'hégémonie des états-nationaux comme figures de droit, reposent sur le cadre de ces idéologies totales. C'est ce cadre qui leur permet d'incorporer une grande quantité d'identités et d'appartenances différentes. Leurs prétentions d'universalité sont tout le contraire d'une conception totalitaire du monde, dans lequel les individus adoptent un même système de croyances, suivant des règles univoques de comportement, au nom d'un bien-être commun ou d'une naturalisation de leurs identités. Gramsci utilisait à cet escient l'expression *« systèmes hégémoniques »* [133], moyens de cohésions totaux qui

---

[132] S. Freud, « Malaise dans la civilisation » (1930), « Das Unbehagen in der Kultur », in *Anthropologie de la guerre, ouvertures bilingues*, Paris, Fayard, 2010 (textes traduits et présentés par Marc Crépon et Marc de Launay.

[133] A. Gramsci, *Écrits politiques* II. 1921-1922. Textes choisis, présentés et annotés par Robert Paris ; traduit de l'italien par Marie G. Martin, Gilbert Moget, Armando Tassi et Robert Paris ; Paris, Gallimard, Bibliothèque de Philosophie, 1975.

englobent les systèmes de représentation religieux autant que les séculaires. Ces systèmes dessinent avec une grande clarté les contours de l'ensemble des appartenances identitaires des individus, en leur proposant certains cadres d'action qui sont avant tout des étendards de type culturel. Il conviendrait ainsi de mentionner également que ces systèmes offrent une visualisation de la façon dont une culture cultive ses attaches avec la nature, des moyens qu'elle légitime pour différencier ou établir un lien de continuité avec les problèmes soulevés par la nature. La mise en place de ce travail de continuité entre nature et culture a permis à l'homme de se construire une représentation de lui-même, en plaçant par exemple l'animalité hors du champ de ses actions courantes. Cependant, l'animalité n'est pas totalement exclue, puisque c'est à partir de ses tentatives d'exclusion que se construisent les gradients, les enclaves, les distinctions, les classifications et les hiérarchisations que nous appelons humaines par opposition à la condition animale. Si, pour Lévi-Strauss, cette opposition a toujours été teintée d'un ton de réserve extrême[134], les formations idéologiques travaillent depuis leurs opposés et suivant une ligne de différentiation qui va de la nature à la civilisation, comme l'avait déjà postulé Aristote dans sa politique[135]. Les différentiations établies entre état de nature et état de culture servent, au sein de la culture, à contraster divers degrés d'humanisation chez les hommes. On peut de cette façon modeler les visages de l'animalité, de la bestialité et de la négation de toute facette humaine chez les hommes mêmes. C'est ce travail, sans aucun doute, qui permet que

---

[134] Voir notamment *Les structures élémentaires de la parenté*, Chapitre N°2, «*Nature et culture*», Paris, Mouton de Gruyter, 2de édition, 2002.

[135] Aristote, *Politique* (livres I-VIII), Paris, Gallimard, 1993.

certains groupes humains puissent être traités comme des populations confinées à la précarité et à l'extermination. Par ailleurs, en élaborant la distinction entre l'animalité et la culture, nous rencontrons des sens humains de caractère fictionnel attachés à l'exercice de ce que nous appelons la tradition. Toutes probablement construites et modelées en accord avec le plan des actes créationnels, même si l'expression tradition est déjà antinomique avec le concept de création. Ainsi, la création de la tradition devient la raison des représentations de la littérature d'un pays, de son folklore, de ses mythes, de ses propres *inconciliables*. L'animalité participe de la frontière interne de chacune des nations, de l'observatoire de ce qui y est considéré comme sauvage, de l'idéologie de leurs constructions. C'est là que se forgent ce que nous appelons « *les traits culturels* ». Des traits qui participent d'une construction qui reste toujours imaginaire quant au « nous » et aux « autres ». C'est à partir de ces traits culturels et hégémoniques que la culture peut recréer ainsi une figure du dehors et du dedans comme une façon de rendre contingent l'excès d'un réel toujours en train de la capturer.

En observant les modifications provoquées par ce nouveau système planétaire appelé globalisation, nous notons que l'analyse des systèmes hégémoniques décrits par Gramsci est liée au déclin d'une partie importante de ses références, toutes supposées à l'abri de l'État-nation. Cependant, la prudence devrait nous montrer qu'avant de considérer l'état de ces modifications, il est nécessaire de voir dans l'organisation de ces constructions universelles les sens qui deviennent possibles à l'intérieur des frontières nationales. En effet, en même temps qu'ils agissent selon certaines logiques de normalisation des individus, les systèmes hégémoniques rendent admissibles les diverses facettes violentes des différences de classes, l'échelon des hiérarchisations entre dominateurs et dominés. C'est pourquoi nous sommes en mesure d'affirmer que ces systèmes ont une incidence sur la conformation générale des représentations qu'un individu bâtit autour de son individualité et de sa propre communauté. Au point même de dire de ces tensions que la défaite des dominés par d'autres classes constitue le système de leurs triomphes. C'est à partir de là, évidemment, que toute idée d'insurrection et de révolution peut se soutenir. On participe ainsi non seulement à un système de normativités, de règles et d'usages, puisque ces universels hégémoniques définissent également un système de tensions. Dans le traitement que la globalisation apporte au problème de la notion de frontière, de l'identité et de la différence, nous observons un premier plan d'hésitation envers la catégorie de l'universel construite par la figure des États nationaux.

Ainsi, la situation de la globalisation impliquerait de réviser la façon dont on traite un problème qui se concentre sur une lecture de l'universel, la constitution des identités, et qui atteint un caractère sans aucun doute politique. Car si la globalisation implique à la fois un déplacement des capitaux et des marchandises et une mobilisation non moins importante d'êtres humains (certains mieux adaptés à ces changements et d'autres soumis à un état d'abandon et de précarisation), il s'agit également de raisonner autour d'une nouvelle élaboration de la citoyenneté. En effet, en construisant une idée de la citoyenneté qui repose sur le cadre de l'État-nation, on a pu aspirer à certains désirs d'universalismes à partir des idées nodulaires de l'utopie cosmopolite afin de concevoir ainsi un état d'émancipation susceptible de resituer les relations que l'humanité entretient avec elle-même.

Si la réalité de la globalisation a rendu ce projet obsolète, c'est parce que cette utopie émancipatrice s'est rapidement vue dépouillée de son objet, non pas parce qu'il se serait finalement avéré impossible de réunir les différentes parties du monde au sein d'un espace unique, mais pour la raison contraire. Comme le mentionne Balibar, en vidant l'aspect utopique de cette union, la globalisation est devenue son accomplissement le plus concret. On observe que cet évènement ponctuel de la globalisation n'entraîne pas avec lui une *« fin de l'histoire »*, mais plutôt la fin d'un cosmopolitisme utopique, d'un humanisme théorique clair, qui nous permet d'observer l'avènement d'une unification de l'humanité qui n'est autre que l'évènement d'une *« universalité réelle »*. Une réalité qui n'a considéré que l'état des valorisations relatives aux objets de consommation et de production, au détriment de la *« valeur d'affectation que tous les liens humains supposent »,* cette dernière étant une expression pour souligner la désaffectation libidinale que l'homme entretient avec ses productions de nos jours. Même si elle a préparé certains groupes humains à une concordance entre aspirations libidinales, circulation du capital et satisfaction libidinale, une grande proportion d'entre eux reste en marge de ces circuits. Sans *topos* depuis lequel ils pourraient esquisser des usages symboliques pour leurs existences. À la façon de la devise freudienne qui établit comment ce qu'il y a de plus sinistre peut devenir ce qu'il y a de plus familier[136].

La globalisation n'a rien à voir avec la mise en vigueur des valeurs morales ou culturelles supposées par l'utopie

---

[136] S. Freud, *L'inquiétante étrangeté et autres essais*, Paris, Folio essais, Gallimard, 1988.

cosmopolite. Dans le dépouillement de cet humanisme utopique, l'expression *« universalité réelle »* peut s'imposer avec la violence des désirs révolus, mais elle suppose cette fois l'abolition de toutes sortes d'impondérables et d'inconciliables. C'est ce que le psychanalyste a supposé sous la sentence d'une culture universelle de la jouissance. L'expression « universalité réelle » peut ainsi être synonyme de violence extrême face aux dépossédés et à ce qu'on appelle les minorités. Mais les problèmes ne s'arrêtent pas à ceux d'une réflexion sur le réel, car le fait de nous situer face au réel de cette universalité seulement parce qu'une réflexion sur la rencontre entre « identités » (foyer d'analyse de ce qu'on appelle le multiculturalisme) peut nous offrir une issue, revient à nous affronter à des problèmes imaginaires difficiles à résoudre.

Nous devons nous occuper de la question des impondérables et des inconciliables des identités, de la façon dont ils nous poussent à déplacer notre terrain de réflexion au-delà des appréciations imaginaires. Ceci implique d'articuler le plan de la politique avec l'organisation animique des collectivités, même si cela met en lumière certains aspects relevant de l'impossible. La banalisation ou l'exil de ces aspects implique une institutionnalisation de la pulsion de mort, exprimée par le retour vers différentes expressions de particularisme, qui, en tant que modalités de réaction, sont de la même lignée que les lourdes conséquences du nationalisme postcolonial. Ces différentes manifestations et réactions collectives donnent naissance à la contextualisation de ce que l'on a pu appeler l'« universalité réelle », qui insiste sur un aspect destructif plutôt que globalisateur. C'est pourquoi cette forme d'universalité débouche fréquemment sur plusieurs phénomènes d'extrême violence destinés à restructurer les différents groupes sociaux et humains dépouillés des formes de jouissance supposées par ce type d'universalité. Nous observons ainsi, dans le contexte de cette réalité, que de plus en plus de minorités et d'intérêts collectifs ne trouvent plus leur place à l'intérieur des États, mais plutôt dans des espaces plus amples, et qui sont l'objet de restructurations impérieuses. Nous pouvons nous attendre à des réactions violentes de la part de ceux qui ne s'adaptent pas bien à ces phénomènes de transnationalisation, comme si un inconciliable des identités venait dévoiler son visage le plus intime et déchirant. C'est là que surgit l'appel des différences, des particularismes, des divergences d'identité. Considérant la variable culturelle que nous avons déjà présentée, nous nous autorisons le droit de parler alors de « distances culturelles », de « crises culturelles », d'« explosion culturelle ». Cependant, si on ne prend en considération que les seuls « traits culturels » pour aborder la problématique soulevée par les minorités quant à l'élaboration d'une nouvelle forme de civilité, en dehors des restrictions frontalières de la citoyenneté, cet inconciliable va vite devenir un agent de domestication. Le choc des identités, dans le domaine de la globalisation, ne peut pour cette raison rester confiné dans la seule problématique imaginaire des identités. C'est pourquoi, en impliquant une idée de frontière, ces traits imaginaires et culturels ne conduisent qu'à différentes formes d'apartheid, de violence et à la justification des diverses formes de nationalisme.

Mais il convient de remarquer que les éléments les plus condamnables de toute cette situation ne proviennent pas de l'imaginaire, des « traits culturels », mais du symbolique. Etienne Balibar parle de « *traits de civilisation* ».[137] Nous pouvons comprendre la fonction du symbolique comme la dimension qui introduit une différence avec le réel, châssis des différents tissus qui organisent les conceptions de la subjectivité. De cette façon, le symbolique peut perpétuer des différences de « caractère symbolique » qui, envisagées dans le cadre d'une relation permanente avec l'imaginaire, ne peuvent jamais être réduites à celui-ci. Culturellement, les différences symboliques touchent aux conceptions générales de la subjectivité, en aucun cas passibles d'être assimilées à la façon dont on peut unifier les lois du commerce. Dans le cadre d'une discussion sur la présence des minorités dans le contexte globalisé, l'utilisation de cette dimension sert à montrer qu'au niveau du noyau intime de l'universel, il existe des brèches qui n'ont rien à voir avec le niveau des distances culturelles. Il ne s'agit pas seulement de réfléchir aux phénomènes de précarisation de la vie et aux chocs imaginaires que certaines minorités humaines subissent au cours des flux migratoires générés par la globalisation. Car si nous savons maintenant que la globalisation rend ces conflits identitaires plus transparents, d'autres niveaux d'analyse requièrent également une réflexion plus approfondie. Nous ne pouvons oublier que le fait de centrer tout le problème des minorités sur le seul plan des identités suppose inévitablement la génération de stéréotypes culturels, l'utilisation de stratégies politiques et agressives prêtes à être imposées de façon plus ou moins violente sur nous-mêmes et sur les autres.

---

[137] E. Balibar, « Globalisation/civilisation », dans *Violences, identités et civilité, pour une culture politique globale*, Ed. Gedisa, série Culture, Barcelone, 2005.

Les stratégies mises en place pour une approche dialectique du terrain des différences risquent de devenir incompréhensibles si l'on fait semblant d'oublier ce qu'occulte ou surdétermine cette mécanique des différences. Nous touchons alors à la structure générale des iniquités anciennes et récentes issues du colonialisme et de l'impérialisme, ou nées de la tendance désintégratrice de l'État-national-social. En conséquence, les politiques identitaires ou les stratégies de défense de l'identité menacée sont autant de moyens de résister à l'universalisation de l'iniquité, ou plutôt à l'iniquité comme moyen d'universalité. Mais l'inverse est également valable, il n'est pas envisageable d'imaginer que la lutte contre les inégalités abolisse un jour le problème des différences ou de la diversité culturelle et par conséquent la résistance à l'uniformisation. La question est de discerner les actes universels de résistance qui n'intensifient ni ne sacralisent la représentation des identités comme altérité exclusive. À la façon d'un imaginaire qui ne recevrait de réponse que du réel, un réel qui n'est qu'une plus-value d'une jouissance interminable.

Précisons finalement que les « hégémonies totales » décrites antérieurement nous permettent de supposer, face à « l'universalité réelle » créée par la globalisation, une universalité qui agit selon des processus de caractère fictionnel, en accord avec ce que Hegel tente de décrire au sujet de l'ambiguïté typique des systèmes universels, problématique elle-même exposée de façon adéquate par Etienne Balibar dans ses écrits sur la citoyenneté et la civilité. Ambiguïté pouvant être détectée dans la variété des combinaisons que les hégémonies totales structurent face à l'individu. C'est ainsi que nous pouvons observer, au sein de ces systèmes hégémoniques, la libération de l'individu par rapport aux liens d'adhésion à la formation communautaire et la normalisation de son comportement individuel qui suppose évidemment des mécanismes conscients et inconscients. L'individualité, corrélat de ce type d'universalité, ne peut donc exister qu'à la condition latente de la répression d'une déviation susceptible d'être revendiquée. L'élément sur lequel nous désirons insister est que, même si, par définition, ce type d'universalité est une construction ou une seconde nature, l'hégémonie suppose toujours un élément authentique d'universalité et que c'est précisément celle-ci qui travaille à la reconnaissance de l'homme comme sujet ou individu. Cette identité collective typiquement produite et reproduite par les institutions hégémoniques (ethnicité fictive) constitue la première pierre de tout système de normalisation et d'exclusion. C'est là le procédé historique d'étatisation de l'espace des libertés le plus puissant, qui formalise l'impossible opération de la lutte des classes et des revendications démocratiques, et qui élève à ce point l'espace nodulaire où gisent les tensions permanentes de la citoyenneté. Toutefois, les conditions sociales et culturelles soulevées par la globalisation ont rendu cette tension critique et potentiellement destructive. Ainsi, selon la façon dont la globalisation s'impose en matière de construction ou de reconstruction des institutions démocratiques de type postnational ou transnational, nous nous retrouvons face à des phénomènes de régression collective spécifiques. C'est ainsi que l'universalité fictionnelle des grands systèmes de représentation de l'´État-nation opère un retour vers le particularisme, l'identité nationale perd virtuellement son caractère hégémonique, sa signification pluraliste (en fonction de ses limites évidemment) et se convertit en une autre forme de communautarisme et d'identité unilatérale.

C'est pourquoi, dans un effort pour surmonter les impasses de l'universalité fictionnelle-imaginaire et de l'universalité réelle, la dimension symbolique nous pousse à supporter un troisième type d'universalité ; *« l'universalité idéale ».* Celle qui sans aucun doute peut être exposée sous l'épigraphe de formulations toujours « négatives » et « inconciliables ». Il est fort possible qu'à la lumière de la variable historique, nous reconnaissions que toute hégémonie politique est toujours fondée à partir d'une expérience révolutionnaire ou d'une action d'insurrection populaire. La problématique de « l'égale-liberté » ou de l'impossibilité de la liberté sans égalité est démontrée ainsi dans la dimension de *« l'infini ».* Cette universalité de caractère symbolique et idéale ne garde aucune relation avec les langages politiques déjà établis et ne se soumet à aucun jeu défini et arrangé d'avance. Elle aspire à la création, à l'invention d'un langage qui forcerait les barrières de l'institution et de la communication publique. Nous avons cru le voir dans le mouvement des classes paradoxales, qui ne défendent pas les droits d'un collectif particulier au nom de cette même particularité, mais qui proclament que la discrimination ou l'exclusion de leurs reconnaissances sociales représentent une négation de l'humanité en tant que telle. Une négation de la variété des vies qui se concentrent autour des significations les plus substantielles que cette notion d'humanité peut véhiculer. Le fait de réclamer les droits d'accès à cette condition de l'humanité revient dans une certaine mesure à réclamer la vie humaine elle-même, une vie humaine qui résisterait à la précarisation et par là au dépouillement de toute valorisation. C'est ce sens qu'il faut donner aux mouvements du prolétariat et à leur lutte contre l'exploitation du travail ou à la libération des femmes au nom d'une plus grande égalité entre les sexes, comme le montre E. Balibar[138].

---

[138] E. Balibar, *La crainte des masses. Politique et philosophie avant et*

Les facteurs exposés ci-dessus rendent manifeste la situation nécessaire pour que d'autres mouvements sociaux disposent de ce composant idéal et universel, c'est-à-dire de cette lutte universelle contre la discrimination et la précarisation, dans la mesure où ces discriminations exhibent des différences qui, prises cette fois dans le registre idéal, impliquent une composante politique, éthique et anthropologique essentielle permettant de penser en dehors de l'ordre imaginaire des identités. Il est tout aussi important de souligner qu'aucune harmonie préétablie ne peut exister entre les expressions de l'universalité idéale, comprise dans le sens où elles renvoient toutes à des processus de synthèse unificatrices, et en fin de compte à une même formule. C'est dans cette négativité de toute synthèse unificatrice que les propositions freudiennes du mal-être dans la culture de 1930 peuvent prendre un sens terriblement actuel. La sentence freudienne de 1930 est simple, même si ses portées sont extrêmement étendues et complexes. La misère humaine n'est pas une situation recréée de façon exclusive par la culture, ce qui reviendrait à oublier l'effet perturbateur de la vie pulsionnelle. Son effet déchirant pour l'homme est inévitable, mais c'est à partir de cette condition d'incomplétude permanente des satisfactions qu'une démarche culturelle peut prendre vie en tant que projet collectif. Même si on considère ce projet comme une idéalité qui ne cesse pas pour autant d'organiser des dynamismes symboliques dont l'impact socialisateur est important.

Peut-être devrions-nous admettre comme condition intime de nos existences le fait que la constitution d'un idéal pour l'humanité implique finalement une négativité

---

après Marx, Paris, Galilée, 1997.

qui ne peut être que multiple et scindée. Ce qui, sans nous obliger à atténuer le caractère inconditionnel de cette négativité, nous conduirait à reconnaître qu'un type d'universalité tel que celui-ci doit instituer éternellement le conflit et la scission plutôt que se reposer sur la simplicité et l'unité d'un savoir absolu. Les conséquences d'un tel énoncé sont claires : il n'existe pas de minorités ou d'exclus naturels. Il n'y a pas, comme le mentionne J. Rancière[139], de sans-parts contre l'universalité dominante ou le système établi de la politique. Cependant, cela n'empêche pas qu'une telle unité puisse exister dans des circonstances déterminées. Cette unité doit simplement être construite ou faire l'objet d'une option. Tout en illustrant le risque lié à une logique de la finitude. C'est là que se concentre toute l'ambiguïté des idéaux. Ambiguïté que le psychanalyste nomme et qui, sans la résoudre, nous renvoie au statut de l'inconciliable.

---

[139] J. Rancière, *Aux bords du politique*, Paris, La Fabrique, 1998.

BIBLIOGRAPHIE

M. Abélès, *Anthropologie de la globalisation*, Paris, Payot, 2008.

G. Agamben, *Homo sacer, le pouvoir souverain et la vie nue*, Editorial Seuil, Paris, 1997.

-----------------*Homo Sacer I : Il potere sovrano e la nuda vita*, Giulio Einaudi editore, Torino, Italia, 1995.

P. Aubenque, « Aristote », Encyclopædia Universalis [en ligne], 2017. URL :

http://www.universalis.fr/encyclopedie/aristote/

M. Augé, *Le sens du mal. Anthropologie, histoire, sociologie de la maladie*, Paris, Editions des archives contemporaines, 1985.

-------------*Non-lieux. Introduction à une anthropologie de la surmodernité*, Éditions du Seuil, Paris, 1992.

H. Arendt, *Considérations morales*, trad. M. Ducassou et D. Maes, Rivales, 1999.

--------------- *Qu'est-ce que la politique ?* Paris, Editions du Seuil, 1995

---------------*Juger, sur la philosophie politique de Kant*, Paris, Seuil, 1991.

Aristote, *Politique,* Paris, Vrin, *1995.*

--------------- *Éthique à Nicomaque*, Paris, Vrin, 1994.

---------------*Poétique*, Paris, Seuil, 1980.

P. L. Assoun, *l'entendement Freudien, Logos et Anancké*. Editions Gallimard 1984.

L. Althusser, *Ecrits sur la Psychanalyse, Freud et Lacan.* 1993. Editions Stoch/Imec.

J.L. Amselle, *Anthropologie de l'universalité des cultures,* Paris, Flammarion, 2005.

A. Appadurai, *Après le colonialisme : conséquences culturelles de la globalisation,* Paris, Payot, 2005.

A. Badiou, *Peut-on penser la politique ?* Paris, Seuil, 1985.

E. Balibar, *Violence et civilité, Wellek Library lectures et autres essais de philosophie politique*, Paris, Galilée, 2010.

--------------*La crainte des masses, philosophie et politique avant et après Marx*, Paris, Galilée, 1997.

W. Benjamin, « *Critique de la violence* », Paris, Payot, 2012.

------------------ *Sur le concept d'histoire*, Paris, Payot, 2013.

S. Borutti., « Fiction et construction de l'objet en anthropologie », in *Figures de l'Humain ; Les représentations de l'anthropologie,* Éditions de l'École des Hautes Études en Sciences Sociales. Paris, 2003.

P. Bourdieu, *Méditations pascaliennes*. Editions du Seuil, Paris, 1997.

A. Bilbao, *Política, ficción, subjetivación; figuras de lo humano*, Editorial Universitaria de Valparaíso, 2009.

J. Butler, *Frames of war : When is life grievable* ?, Verso, New York, 2009.

R. Caillois, *L'homme et le sacré*, Paris, Collection Folio-essai, Gallimard, 1988.

C. Castoriadis, « Imaginaire politique grec et moderne », *La monte de l'insignifiance, les carrefours du labyrinthe 4,* éditions du Seuil, Paris, 1996.

------------------------*Une société à la dérive*, Paris, Seuil, 2015, p.17.

M. Castells, *Le pouvoir de l'identité*, Paris, Fayard, 1997.

A. Delrieux, *Lévi-Strauss lecteur de Freud*, Paris, Anthropos, 1999.

R. Descartes, *Discours de la Méthode*, Editions Vrin, Paris 1930.

--------------------*Les passions de l'âme*, Paris, Vrin. 2000.

G. Didi-Huberman, *Peuples exposés, peuples figurants. L'Oeil de l'histoire, 4,* Paris, les éditions du minuit, 2012.

E. Enriquez, *De la horde à l'état. Essai de psychanalyse du lien social*, Paris, Gallimard, 1933.

D. Freeman, « Totem et Tabou : une nouvelle évaluation », en W. Muensterberger (dir.), *L'anthropologie psychanalytique depuis "Totem et Tabou",* Paris, Payot, 1976.

S. Freud, K. Abraham, *Correspondance complète*, Paris, Gallimard, 2006. Lettre du 15 février 1924.

S.Freud, « Totem et tabou », in Œu*vres complètes*, Vol. XI, (1911-1913) Paris P.U.F., 2009.

--------------« Psychologie des masses et analyse du moi », Œu*vres complètes,* Vol. XVI (1921-1923), Paris, P.U.F., 2010.

---------------« L'avenir d'une illusion », *Œuvres complètes*, Vol. XVIII (1926-1930), Paris, P.U.F, 2015.

---------------« Malaise dans la civilisation » *Œuvres complètes*, Vol. XVIII (1926-1930), Paris, P.U.F, 2015.

-------------- *L'homme Moise et la religion monothéiste*, Paris, Gallimard, folio-essais, 1986,

-------------« Die Verdrangung », « Le refoulement », in *Métapsychologie*, Paris, Gallimard, 1986.

-------------« Trois essais sur la vie sexuelle », Vol. VI (1901-1905), Œuvres complètes, Paris, P.U.F., 2006.

--------------« Autoprésentation », in Œuvres complètes, Vol. XVII (1923-1925), Paris, P.UF., 1992,

----------------« L'homme Moise et la religion monothéiste », Vol. XX, Œuvres complètes (1937-1939), Paris, P.UF., 2010.

-----------------"Pulsions et destins de pulsions », in Œuvres complètes, Vol. XIII (1914-1915), Paris, P.U.F., 1988.

---------------- *La Naissance de la psychanalyse*. Bibliothèque de psychanalyse. Puf. 1956.

--------------- *Névrose, Psychose et Perversion*, Paris, P.U.F., 2010.

------------------« À partir de l'histoire d'une névrose infantile », in Œu*vres complètes*, Vol. XIII, (1914-1915) Paris P.U.F, 1988.

-----------------« Analyse d'une phobie chez un petit garçon de 5 ans », in *Cinq psychanalyses*, Paris, P.U.F, 1971.

M. Foucault, *Dits et écrits*. 1954-1998. Paris, Gallimard, 1994.

-------------*L'Herméneutique du sujet*, cours au Collège de France, 1981-1982, Editions du Seuil, Paris, 2001.

A. Gramsci, *Écrits politiques II* (1921-1922), Paris, Gallimard, Bibliothèque de Philosophie, 1975.

R. Gori, *La preuve par la parole (sur la causalité en psychanalyse*), Paris, P. u.f. 1996.

A. Green, *La causalité psychique (entre nature et culture*), Editions Odile Jacob, Paris, 1995.

J. Habermas., *Rationalité de l'action et rationalisation de la société : Théorie de l'agir communicationnel* Tome 1, Paris, Fayard, 1987.

F. Hegel, *La science de la logique, Tome I,* Editions Kimé, Paris, *2007.*

----------- *La raison dans l'histoire*, Folio, Essais, Paris, 2012.

F. Héritier, *Les deux sœurs et leur mère : anthropologie de l'inceste*, Paris, Odile Jacob, 1993.

T. Hobbes, *Léviathan*, Paris, Flammarion, 2017.

E. Kant, *Critique de la raison pure,* Paris, P.U.F. Quadrige, 2012.

B. Karsenti, *Moise et l'idée de peuple, la vérité historique selon Freud*. Editions Cerf, Paris, 2012.

F. Keck, *Lévi-Strauss y el pensamiento salvaje*, p.15, Ediciones Nueva Visión, Buenos Aires, Argentina, 2005.

R. Koselleck, *Le futur passé. Contribution à la sémantique du temps passe*, Paris, Editions de L'Ecole des Hautes Etudes en Sciences Sociales de Paris, 2016.

A. Kroeber, "Totem and taboo, an ethnological psychoanalysis", *American anthropologist*, Vol. 22, 1920.

C. Lévi-Strauss, *Tristes Tropiques*, Paris, Plon, 1955.

-------------------*Anthropologie structurale deux*, Paris, librairie Plon, 1973.

-------------------*Le regard éloigné*, Paris, Plon, 1983.

--------------------*Mythologiques IV, L'homme nu*, Paris, Plon 1971.

-------------------*Les structures élémentaires de la parenté*, Paris, Mouton de Gruyter, 2002.

--------------------"Apologue des amibes", in J. L. Jamard (dir.), *En substances*, Paris, Fayard, 2001.

-------------------*La pensée sauvage*, Paris, Plon, 1962

-----------------*Le totémisme aujourd'hui*, Paris, P.U.F., 1962.

J. Lacan, *Radiophonie*, in *Scilicet* 2/3, Paris, Seuil, 1985.

-----------Le séminaire, livre VII, *L'éthique de la psychanalyse*, Paris, Seuil, 1986.

----------Le séminaire livre XI, *« Les Quatre Concepts Fondamentaux de la Psychanalyse »*, Paris, Seuil 1973.

----------*Le Séminaire,* livre XX, " « Encore » Paris, Editions du Seuil, 1975.

----------« Le stade du miroir comme formateur de la fonction du Je », *Écrits*, Paris, Le Seuil, 1966.

J. Le Rider, H. Rey-Flaud, *Autour du malaise dans la culture de Freud*, P.U.F., 1998.

C. Lefort, *L'invention démocratique, les limites de la domination totalitaire*, Paris, Fayard, 1981.

N. Loraux, *La cité divisée*, Paris, Payot, 1997.

B. Malinowski, *La paternité dans la psychologie primitive*, Paris, À l'écluse d'aval, 2008.

M. Mauss, *Sociologie et anthropologie*, Paris, P.U.F., 1950.

Mehlman, "L'évolution des soins paternels chez les primates et les hominidés", in *Anthropologie et sociétés,* Vol. 12, n° 3, 1988.

J. Nabert, *Essai sur le mal*, Paris, Cerf, 1997.

J.L. Nancy, *La création du monde ou la mondialisation,* Paris, Galilée, 2002.

--------------*Au fond des images*, Paris, Galilée, 2003.

B. Ogilvie, "Violence et représentation, La production de l'homme jetable", *Lignes,* nùm. 26, octubre 1995, Paris-France.

Pascal, *Pensées*, Paris, Broché –Nathan, 2010.

M. Puech, Kant et la causalité, Librairie Philosophique J. Vrin, 1996, Paris.

D. Poissonnier, *La pulsion de mort. De Freud à Lacan.*, Editions Érès, Paris, 1998.

J. Rancière, *Le partage du sensible*, Paris, La fabrique éditions, 2000.

--------------Aux bords du politique, Folio-essais, Paris, 1998.

--------------La *Mésentente : politique et philosophie*. Galilée, 1995.

Ricœur, *L'idéologie et l'utopie*, Paris, Points, 2016.

-----------*Le conflit des interprétations*, Seuil, 1969, p.285.

----------"Le scandale du mal", Revue Esprit, juillet-août, 1998.

H. Rey-Flau, *Autour du malaise dans la culture,* Editions P.U.F, Paris, 1998.

J.J. Rousseau, *Du contrat social*, Paris, Flammarion, 2011.

---------------- *Discours sur l'économie politique*, Paris, Flammarion, 2011.

---------------- *Essai sur l'origine des langues*, Paris, Gallimard, 1990.

----------------*Second Discours sur l'origine de l'inégalité parmi les hommes*, Paris, Gallimard, 2006

---------------- *L'Emile ou de l'éducation*, Paris, Flammarion, 2009.

------------------*Considérations sur le gouvernement de Pologne*, Œuvres complètes, vol. III, Paris, Gallimard, 1964.

Saint Thomas, *Questions disputées sur le mal*, trad. Moines de Fontgombault, Nouvelles éditions latines, 1992.

Spinoza, *Ethique*, Paris, Point Essais, 2014.

-----------*Traité théologico-politique*, Paris, Flammarion, 1965.

B. Stiegler, *Mécréance et discrédit, les sociétés incontrôlables d'individu désaffectés,* Galilée, Paris, 2006.

P. Valery, *Regard sur le monde actuel*, Edition Gallimard, Folio essais, 1945.

J.P. Vernant, *Les origines de la pensée grecque,* Collection « Mythes et religions », Paris, P.U.F, 1962.

E. Westermarck, *The history of human marriage*, London, 1891.

Y. Yerushalmi, *Le Moise de Freud. Judaïsme terminable et interminable*, Paris, Gallimard, 1991.

S. Zizek, *Le sujet qui fâche, le centre absent de l'ontologie politique*, Pais, Flammarion, 2007.

Philosophie
aux éditions L'Harmattan

Dernières parutions

L'ART (D'ÊTRE) IDIOT
Truchaut Pierre J. – Préfaces de Marc Lasuy et Philippe Godin
Qu'est-ce qu'un idiot ? Pourquoi cette figure est-elle digne d'intérêt ? L'idiot n'est peut-être pas le personnage que l'on croit. Il est loin d'être crétin, imbécile ou débile ! L'idiot est cet être fort qui agit de lui-même contre vents et marées, qui de sa propre initiative se comporte et crée en fonction de règles qu'il s'est lui-même prescrites. L'idiot, c'est cet être intelligent qui n'a pas besoin de le prouver mais qui incite les autres à s'interroger sur leur propre mode de vie et cela à son insu.
(28.00 euros, 284 p.)
ISBN : 978-2-343-13472-7, ISBN EBOOK : 978-2-14-005274-3

LA COURONNE OFFERTE
Le saint-simonisme et la doctrine de l'espérance
Carlisle Robert B. – Traduit de l'anglais par René Boissel
Saint-Simon, penseur fécond et original, avait prophétisé l'avènement d'une nouvelle société. Devait se substituer à l'ordre ancien le règne des savants, des artistes et des industriels, pour la paix et une prospérité sans précédent. Grâce à la coopération de toutes les classes sociales, « la classe la plus pauvre et la plus nombreuse » sortirait de sa condition. Ses disciples créeront la religion saint-simonienne, dont le versant rationnel et technique sera mis en place sous le Second Empire. Robert B. Carlisle nous raconte la genèse de cette aventure qui influencera notre politique industrielle.
(Coll. Ouverture Philosophique, 28.00 euros, 268 p.)
ISBN : 978-2-343-08370-4, ISBN EBOOK : 978-2-14-005390-0

CRÉATION ET CHANGEMENT
Savadogo Mahamadé
Interrogeant le sens de la relation entre une œuvre et son auteur, cet ouvrage élabore une réflexion qui dévoile le profil du créateur, envisage l'évolution de l'œuvre et s'arrête sur la relation entre création et socialisation. Le rapport entre culture et création et celui entre création et changement social indiquent des passages entre la théorie de la création et la philosophie de l'histoire d'un côté et entre elle et la philosophie politique de l'autre. En définitive, l'enjeu de l'élaboration d'une théorie philosophique de la créativité va bien au-delà de la réhabilitation de la philosophie de l'art, hantée par « la mort de l'art ».
(Coll. Ouverture Philosophique, 19.50 euros, 186 p.)
ISBN : 978-2-343-13517-5, ISBN EBOOK : 978-2-14-005282-8

HEIDEGGER ET L'ESSENCE DE LA POÉSIE
Balazut Joël
L'une des voies d'accès à l'œuvre de Heidegger est son interprétation de la poésie. Bien comprise, elle n'aurait rien à voir avec l'expression d'une subjectivité, mais manifesterait la vérité originelle. Elle constituerait ainsi l'essence profonde de la langue comme dévoilement d'un monde et forme originelle de la pensée. S'efforçant de mettre au jour le sens de cette conception ontologique de la poésie, ce livre aboutit à une lecture cohérente et complète de l'œuvre heideggérienne. La déconstruction n'est pas contre la philosophie : elle répond à la question de l'être.
(Coll. Ouverture Philosophique, 14.00 euros, 124 p.)
ISBN : 978-2-343-13483-3, ISBN EBOOK : 978-2-14-005230-9

LA LEÇON DE PHILOSOPHIE DE SOCRATE À ÉPICTÈTE
Lecture des *Entretiens*
Lombard Jean
Les *Entretiens* d'Épictète, notes de cours rédigées par un disciple, éclairent la problématique de la leçon et sa place dans la réflexion pédagogique antique et moderne. La leçon de philosophie a eu dès l'origine la particularité d'être à la fois une leçon comme une autre et une leçon qui ne ressemble à aucune autre. Les *Entretiens* montrent une évolution majeure de la leçon en tant qu'espace du discours à l'heure du stoïcisme héroïque : ils portent à des sommets les schémas hérités du socratisme fait pour interpeller et y ajoutent une fonction de subversion venue du cynisme. Épictète fait ainsi de la leçon philosophique un modèle.
(Coll. Éducation et philosophie, 17.50 euros, 164 p.)
ISBN : 978-2-343-13671-4, ISBN EBOOK : 978-2-14-005358-0

LIBERTÉ
Walch Guy
Lire Spinoza au XXIe siècle en relisant une vie contemporaine ? C'est se résoudre à regarder le monde sans fausses craintes ni faux espoirs. Amender les évidences, les opinions savantes et publiques. Regarder le monde en comprenant que chaque chose y est singulière. Plus les choses singulières sont intelligées, plus la nature infinie l'est. Ce thème éclaire les rapports entre imagination et connaissance, durée et éternité, ou encore écologie globale et nature de la liberté. On ne peut ni connaître ni donc aimer l'infini comme tel, seulement les choses singulières connaissables, dans la proximité immense de la part d'univers de l'homme.
(Coll. Ouverture Philosophique, 45.00 euros, 562 p.)
ISBN : 978-2-343-13448-2, ISBN EBOOK : 978-2-14-005342-9

MACHIAVEL ET LES CONJURATIONS POLITIQUES
La lutte pour le pouvoir dans l'Italie de la Renaissance
Campi Alessandro
Le thème de la conjuration est central dans l'œuvre de Machiavel. Il la conçoit comme un instrument de conquête du pouvoir et comme une technique de lutte politique. Cet ouvrage contredit une interprétation répandue selon laquelle Machiavel se serait limité à mettre en garde contre les conjurations. En réalité, il a élaboré une authentique phénoménologie ou anatomie de la conjuration. Ses réflexions représentent un manuel pratique pour le « coup d'État » et la conquête

violente du pouvoir. Mais elles comprennent aussi des intuitions pertinentes en psychologie politique, sociologie du pouvoir et anthropologie sociale.
(Coll. Ouverture Philosophique, 19.00 euros, 182 p.)
ISBN : 978-2-343-13238-9, ISBN EBOOK : 978-2-14-005267-5

LA PHÉNOMÉNOLOGIE À L'ÉPREUVE DE LA VIE SAPIENTIALE AFRICAINE
Dominique Kahang'a Rukonkish à l'école de la philosophie de Michel Henry
Mawanzi César
En s'interrogeant sur la visée phénoménologique de maturité de la vie africaine, la pensée de Kahang apparaît fortement imprégnée par une expérience de la temporalité de l'homme africain, capable d'assumer son destin devant l'histoire. Soucieux de bâtir un État de droit, un espace public en Afrique enrobé dans les valeurs républicaines et démocratiques, Kahang appelle à construire une éthique du pouvoir et de la responsabilité, fondée sur les principes de reconnaissance et de justice.
(Coll. Études africaines, 39.00 euros, 452 p.)
ISBN : 978-2-343-13459-8, ISBN EBOOK : 978-2-14-005242-2

LA RE-CENTRATION DE L'HOMME
Réflexions philosophiques sur la question du devenir de l'humain à l'ère des technosciences et des postulats de la laïcité
Mouchili Njimom Issoufou Soulé, Manga Bihina Antoine
Cet ouvrage est un ensemble de textes abordant, à partir des thématiques multilatérales, une question centrale portant sur la re-centration de l'homme. Il s'est agi, pour chacun des auteurs, suivant sa sensibilité philosophique, de savoir si l'homme n'est plus le centre ou au centre du monde. En fait, avec l'économie libérale, une rationalité (bio)-technologiquement conditionnée et enfin une sécularisation de l'humain, l'homme est dans l'obligation de penser les conditions d'une redéfinition de son exceptionnalité.
(Coll. Ouverture Philosophique, 25.00 euros, 252 p.)
ISBN : 978-2-343-13110-8, ISBN EBOOK : 978-2-14-005328-3

ROBOTS TERRESTRES PARMI LES HOMMES
Une analyse comparative d'un système d'arme en gestation entre les États-Unis, la Chine, la France, Israël et la Russie
Rieutord Dylan
Si la nature de la guerre sera toujours la même, son caractère change avec les sociétés. Les grandes puissances mondiales ont amorcé la course à l'armement robotisé. La robotisation de l'esprit est déjà une réalité. Quid de son application dans l'armée ? Les robots changeront-ils le visage de la guerre ? Cet ouvrage compare cinq puissances : les États-Unis, la Russie, la Chine, Israël et la France. Les perspectives stratégiques et tactiques mènent à repenser la façon de faire la guerre.
(Coll. Épistémologie et philosophie des sciences, 26.00 euros, 250 p.)
ISBN : 978-2-343-12966-2, ISBN EBOOK : 978-2-14-005254-5

PASSION DE LA PENSÉE
Lecture de Heidegger
Jouard Jean-Pierre Emmanuel
Ce livre veut restituer la clarté de cette œuvre difficile que sont les *Contributions à la philosophie* de Heidegger, non pas en en récusant l'obscurité, mais en reconnaissant l'obscur essentiel de l'Être dans sa vérité d'événement : car penser signifie répondre à l'événement de l'Être, suivant un questionnement rigoureux qui s'appelle ici Passion de la pensée.
(Coll. Ouverture Philosophique, 39.00 euros, 504 p.)
ISBN : 978-2-343-13375-1, ISBN EBOOK : 978-2-14-005287-3

SCIENCE ET MÉTAPHYSIQUE
Sous la direction de Banywesize Emmanuel M.
Par-delà la résolution synthétisante de la vieille énigme qui concerne la différence de nature qui existe entre les deux branches des rationalités que sont la science et la métaphysique, il s'agit dans ce livre d'expliquer comment la science a marqué le destin de la philosophie contemporaine, dans ses bifurcations et ses renoncements, mais avant tout dans ses racines les plus profondes et les plus fécondes, c'est-à-dire la métaphysique avec ou sans histoire scientifique.
(25.50 euros, Cahiers épistémo-logiques 6, 238 p.)
ISBN : 978-2-343-13520-5, ISBN EBOOK : 978-2-14-005337-5

TRILOGIE DES PLUS LARGES HORIZONS QUI SOIENT ET QUI PUISSENT ÊTRE
Comment ? Pourquoi ? Et vers quoi ?
Aumont Michèle
« Les larges horizons » ne peuvent être qu'« ignatiens » sous ma plume. Mais peu savent que j'ai osé déjà me dire « ignatienne 100 % », comme je le déclare ici. Par ce livre, tous apprendront comment cela s'est fait et pourquoi. Peut-être devineront-ils jusqu'où cela peut aller et combien c'est important pour notre monde et à notre époque. Mes anciens et nouveaux lecteurs apprendront par quels sentiers je suis passée pour découvrir, avec Ignace de Loyola, jusqu'à quels horizons il en est venu à s'ouvrir.
(Coll. Ouverture Philosophique, 14.00 euros, 120 p.)
ISBN : 978-2-343-13254-9, ISBN EBOOK : 978-2-14-005234-7

Structures éditoriales du groupe L'Harmattan

L'Harmattan Italie
Via degli Artisti, 15
10124 Torino
harmattan.italia@gmail.com

L'Harmattan Hongrie
Kossuth l. u. 14-16.
1053 Budapest
harmattan@harmattan.hu

L'Harmattan Sénégal
10 VDN en face Mermoz
BP 45034 Dakar-Fann
senharmattan@gmail.com

L'Harmattan Cameroun
TSINGA/FECAFOOT
BP 11486 Yaoundé
inkoukam@gmail.com

L'Harmattan Burkina Faso
Achille Somé – tengnule@hotmail.fr

L'Harmattan Guinée
Almamya, rue KA 028 OKB Agency
BP 3470 Conakry
harmattanguinee@yahoo.fr

L'Harmattan RDC
185, avenue Nyangwe
Commune de Lingwala – Kinshasa
matangilamusadila@yahoo.fr

L'Harmattan Congo
67, boulevard Denis-Sassou-N'Guesso
BP 2874 Brazzaville
harmattan.congo@yahoo.fr

L'Harmattan Mali
Sirakoro-Meguetana V31
Bamako
syllaka@yahoo.fr

L'Harmattan Togo
Djidjole – Lomé
Maison Amela
face EPP BATOME
ddamela@aol.com

L'Harmattan Côte d'Ivoire
Résidence Karl – Cité des Arts
Abidjan-Cocody
03 BP 1588 Abidjan
espace_harmattan.ci@hotmail.fr

L'Harmattan Algérie
22, rue Moulay-Mohamed
31000 Oran
info2@harmattan-algerie.com

L'Harmattan Maroc
5, rue Ferrane-Kouicha, Talaâ-Elkbira
Chrableyine, Fès-Médine
30000 Fès
harmattan.maroc@gmail.com

Nos librairies en France

Librairie internationale
16, rue des Écoles – 75005 Paris
librairie.internationale@harmattan.fr
01 40 46 79 11
www.librairieharmattan.com

Librairie l'Espace Harmattan
21 bis, rue des Écoles – 75005 Paris
librairie.espace@harmattan.fr
01 43 29 49 42

Lib. sciences humaines & histoire
21, rue des Écoles – 75005 Paris
librairie.sh@harmattan.fr
01 46 34 13 71
www.librairieharmattansh.com

Lib. Méditerranée & Moyen-Orient
7, rue des Carmes – 75005 Paris
librairie.mediterranee@harmattan.fr
01 43 29 71 15

Librairie Le Lucernaire
53, rue Notre-Dame-des-Champs – 75006 Paris
librairie@lucernaire.fr
01 42 22 67 13